“ 매일

완자

공부력

Q 왜 공부력을 키워야 할까요?

쓰기력

정확한 의사소통의 기본기이며 논리의 바탕

연필을 잡고 종이에 쓰는 것을 괴로워한다!
맞춤법을 몰라 정확한 쓰기를 못한다!
말은 잘하지만 조리 있게 쓰는 것이 어렵다!
그래서 글쓰기의 기본 규칙을 정확히 알고
써야 공부 능력이 향상됩니다.

어휘력

교과 내용 이해와 독해력의 기본 바탕

어휘를 몰라서 수학 문제를 못 푼다!
어휘를 몰라서 사회, 과학 내용 이해가 안 된다!
어휘를 몰라서 수업 내용을 따라가기 어렵다!
그래서 교과 내용 이해의 기본 바탕을
다지기 위해 어휘 학습을 해야 합니다.

독해력

모든 교과 실력 향상의 기본 바탕

글을 읽었지만 무슨 내용인지 모른다!
글을 읽고 이해하는 데 시간이 오래 걸린다!
읽어서 이해하는 공부 방식을 거부하려고 한다!
그래서 통합적 사고력의 바탕인 독해 공부로
교과 실력 향상의 기본기를 닦아야 합니다.

계산력

초등 수학의 핵심이자 기본 바탕

계산 과정의 실수가 잦다!
계산을 하긴 하는데 시간이 오래 걸린다!
계산은 하는데 계산 개념을 정확히 모른다!
그래서 계산 개념을 익히고 속도와 정확성을
높이기 위한 훈련을 통해 계산력을 키워야 합니다.

한자 카드

카드를 활용하여 이 책에서 배운 한자와 어휘를 복습해 보세요.

※ 점선을 따라 뜯어요.

日 月 火

水 木

金 土 天

불 화

화재(火災) | 화산(火山)
화상(火傷) | 소화기(消火器)

visang

달 월

개월(個月) | 월급(月給)
세월(歲月)
생년월일(生年月日)

visang

날 일

일기(日記) | 생일(生日)
내일(來日) | 매일(每日)

visang

나무 목

목수(木手) | 목마(木馬)
수목원(樹木園)
식목일(植木日)

visang

물 수

생수(生水) | 수영(水泳)
호수(湖水) | 음료수(飮料水)

visang

하늘 천

천하(天下) | 천장(天障)
천연(天然) | 천재(天才)

visang

흙 토

국토(國土) | 농토(農土)
점토(粘土) | 토종(土種)

visang

쇠 금

저금(貯金) | 상금(賞金)
요금(料金) | 임금(賃金)

visang

사람 인

위인(偉人) | 인원(人員)
인물(人物) | 인형(人形)

visang

땅 지

지구(地球) | 지진(地震)
지도(地圖) | 중심지(中心地)

visang

※ 점선을 따라 뜯어요.

들어갈 입

입구(入口) | 구입(購入)
입양(入養) | 출입국(出入國)

visang

어머니 모

이모(姨母) | 모자(母子)
모음(母音)
부모 형제(父母兄弟)

visang

아버지 부

부친(父親) | 부녀(父女)
부성애(父性愛)
조부모(祖父母)

visang

집 가

가정(家庭) | 가구(家具)
가훈(家訓) | 초가(草家)

visang

문 문

대문(大門) | 교문(校門)
정문(正門) | 회전문(回轉門)

visang

아래 하

지하(地下) | 신하(臣下)
낙하산(落下傘)
하수도(下水道)

visang

가운데 중

중심(中心) | 중간(中間)
집중(集中) | 식중독(食中毒)

visang

위 상

정상(頂上) | 옥상(屋上)
조상(祖上) | 상체(上體)

visang

작을 소

축소(縮小) | 소품(小品)
소고(小鼓) | 소아과(小兒科)

visang

큰 대

대왕(大王) | 대회(大會)
거대(巨大) | 위대(偉大)

visang

완자

공부력

초등 전과목
한자 어휘 1A

초등 전과목 한자 어휘 1A-2B 구성

한자 학습

1A	日 날 일	月 달 월	火 불 화	水 물 수	木 나무 목
	金 쇠 금	土 흙 토	天 하늘 천	地 땅 지	人 사람 인
	父 아버지 부	母 어머니 모	入 들어갈 입	門 문 문	家 집 가
	上 위 상	中 가운데 중	下 아래 하	大 큰 대	小 작을 소
1B	手 손 수	口 입 구	面 얼굴/겉 면	心 마음 심	力 힘 력
	學 배울 학	生 날 생	教 가르칠 교	室 집 실	先 먼저 선
	青 푸를 청	白 흰 백	山 산 산	草 풀 초	花 꽃 화
	東 동쪽 동	北 북쪽 북	正 바를 정	平 평평할 평	方 모/방향 방
2A	秋 가을 추	冬 겨울 동	名 이름 명	食 먹을/밥 식	物 물건 물
	前 앞 전	內 안 내	外 바깥 외	子 아들 자	老 늙을 로
	自 스스로 자	立 설 립	空 빌 공	氣 기운 기	海 바다 해
	安 편안할 안	全 온전할 전	活 살 활	車 수레 차	道 길 도
2B	時 때 시	間 사이 간	年 해 년	世 세상 세	來 올 래
	文 글월 문	問 물을 문	主 주인 주	語 말씀 어	話 말씀 화
	百 일백 백	萬 일만 만	數 셈 수	直 곧을 직	重 무거울 중
	韓 나라 한	愛 사랑 애	民 백성 민	市 시장 시	長 긴 장

중요 한자를 학습하고, 한자에서 파생된
전과목 교과서 어휘의 실력을 키워요!

교과서 어휘 학습

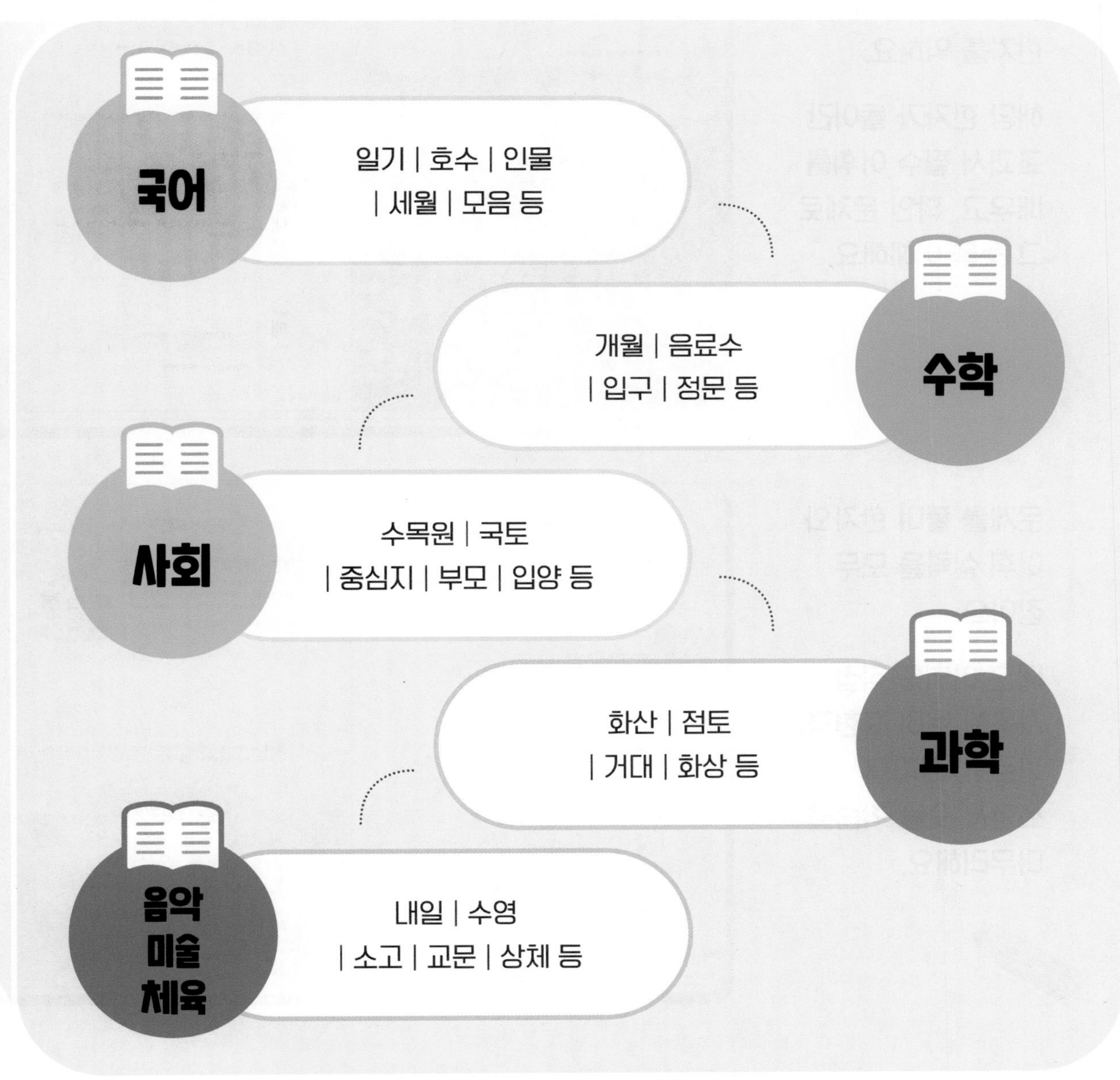

특징과 활용법

하루 4쪽 공부하기

* 그림과 간단한 설명으로 오늘 배울 한자를 익혀요.
* 해당 한자가 들어간 교과서 필수 어휘를 배우고, 확인 문제로 그 뜻을 이해해요.

* 문제를 풀며 한자와 어휘 실력을 모두 잡아요.
* 배운 어휘를 직접 사용해 보며 표현력을 기르고, 한자를 쓰면서 오늘 학습을 마무리해요.

- 책으로 하루 4쪽 공부하며, 초등 어휘력을 키워요!
- 모바일앱으로 공부한 내용을 복습하고 몬스터를 잡아요!

공부한 내용 확인하기

* 5일 동안 배운 한자가 포함된 글을 읽고, 문제를 풀면서 독해력을 키워요.
* 중요 한자성어를 실생활에서 사용할 수 있도록 배워요.
* 다양한 어휘 놀이로 5일 동안 배운 어휘를 재미있게 정리해요.

모바일앱으로 복습하기

앱 다운받기

책 인증하기

* 그날 배운 내용을 바로바로, 또는 주말에 모아서 복습하고, 다이아몬드 획득까지! 공부가 저절로 즐거워져요!

차례

한 친구가
작은 습관을 만들었어요.

매일매일의 시간이 흘러
작은 습관은 큰 습관이 되었어요.

큰 습관이 지금은 그 친구를 이끌고
있어요. 매일매일의 좋은 습관은
우리를 좋은 곳으로 이끌어 줄 거예요.

우리도
하루 4쪽 공부 습관!
스스로 공부하는 힘을
키워 볼까요?

날 일(日)

태양의 모양을 본뜬 글자입니다. 해가 뜨고 지면 하루가 지나기 때문에 '날'을 뜻하고, '일'이라고 읽습니다.

오늘 배울 한자를 색칠해 보세요.

日

丨 冂 月 日

영상으로 필순 보기

'날 일(日)'이 들어간 어휘

정답과 해설 104쪽

[1~4] 예문을 보고, 어휘의 뜻으로 알맞은 말을 골라 ✔표를 하세요.

국어

일기 (날 日, 기록할 記)

겪은 일을 떠올려 그림일기를 써 봅시다.

1 [✔ 날마다 | □ 해마다] 겪은 일이나 생각, 느낌 등을 적은 것.

국어

생일 (날 生, 날 日)

달력에 '생일'이라고 쓰여 있고 동그라미가 표시된 것을 보았다. '누구 생일이지?'

2 세상에 태어난 [□ 날 | □ 장소].

봄

내일 (올 來, 날 日)

오늘은 운동화 끈 매는 것을 배웠습니다. 내일은 연필 깎는 것을 배울 것입니다.

3 오늘의 바로 [□ 전 | □ 다음] 날.

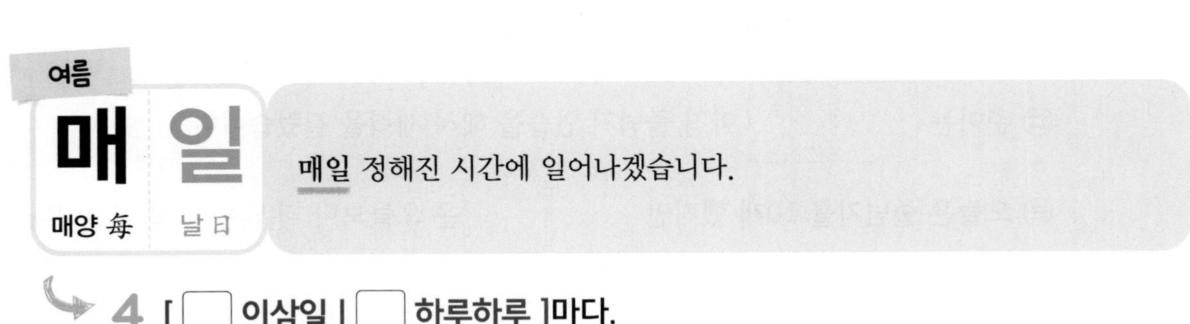

여름

매일 (매양 每, 날 日)

매일 정해진 시간에 일어나겠습니다.

4 [□ 이삼일 | □ 하루하루]마다.

1 밑줄 친 어휘와 같은 의미의 한자(漢字)에 ○표를 하세요.

오늘은 가족들과 공원에서 재미있게 놀고 내가 좋아하는 음식도 많이 먹었습니다. 정말 행복한 날이었습니다.

生	日	每	月

2 빈칸에 알맞은 글자를 쓰세요.

1 이번 주 토요일은 친구의 [ㅅ]일입니다. 어떤 선물을 준비할까요?

2 오늘은 선 긋기를 배웠어요. [ㄴ]일은 동그라미 그리기를 배울 겁니다.

1 [ ] 2 [ ]

3 설명에 해당하는 어휘를 고르세요.

날마다 겪은 일이나 생각, 느낌 등을 적은 것.

① 요일 ② 일상 ③ 휴일 ④ 일기 ⑤ 시간

4 빈칸에 '매일'을 쓰기에 어색한 문장의 기호를 쓰세요.

㉠ [ ][ ] 꾸준히 일기를 썼습니다.

㉡ 달리기를 잘하기 위해 [ ][ ] 달리기 연습을 했습니다.

㉢ 준이는 [ ][ ] 아침 줄넘기 연습을 해서 체력을 길렀습니다.

㉣ 오늘은 줄넘기를 10개 했지만 [ ][ ]은 오늘보다 더 많이 하고 싶습니다.

[ ]

글 쓰며 표현力 높여요

정답과 해설 104쪽

'날 일(日)'이 들어가는 어휘를 넣어서 글을 써 보세요.

내 생일이 다가오고 있어요. 생일 파티에 친구들을 초대해서 함께 맛있는 음식도 먹고, 여러 가지 놀이를 하며 재미있게 놀고 싶어요. 친구들에게 보낼 생일 파티 초대장을 써 보세요.

도움말 생일, 내일, 매일, 토요일 등에 '날 일(日)'이 들어가요.

예 안녕? 친구들아. 내일은 매일같이 기다리던 내 생일이야. 우리 집에 와서 맛있는 음식도 먹고, 놀이터에서 함께 놀지 않을래?

따라 쓰며 한자力 완성해요

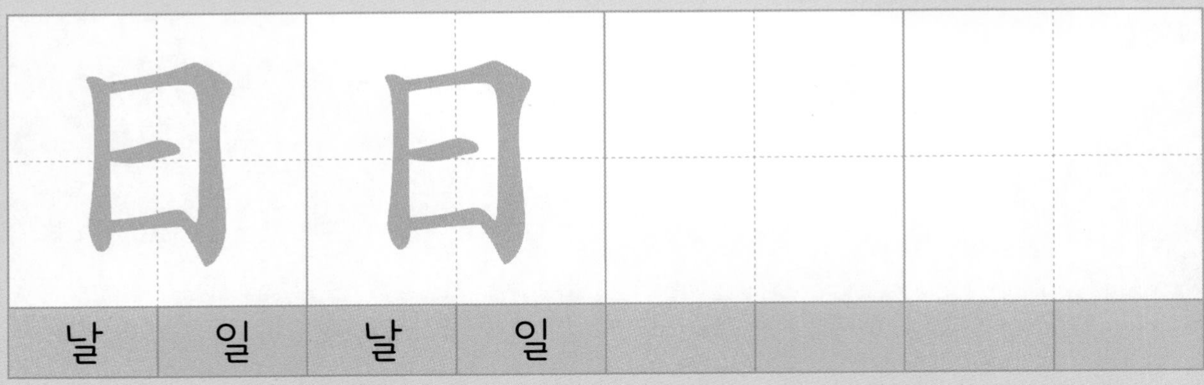

日	日		
날 일	날 일		

오늘의 학습을 평가해 보아요. 부족함 보통임 잘함

달 월(月)

초승달의 모양을 본떠 만든 글자로, '달'을 뜻하고 '월'이라고 읽습니다.

번호 순서대로 점을 이어 오늘 배울 한자를 확인해 보세요.

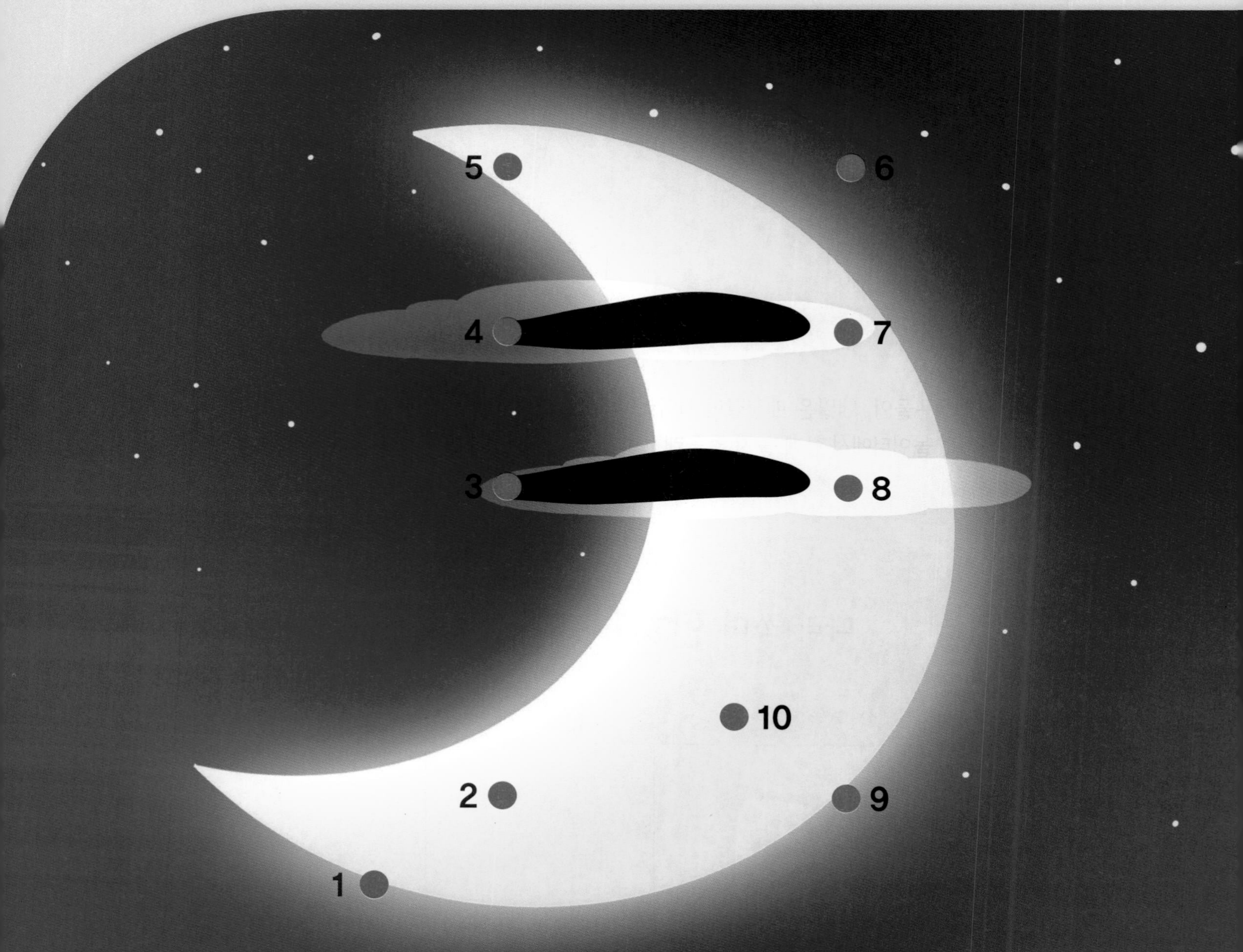

5 6

4 7

3 8

10

2 9

1

丿 冂 月 月

영상으로 필순 보기

'달 월(月)'이 들어간 어휘

정답과 해설 105쪽

[1~4] 예문을 보고, 어휘의 뜻으로 알맞은 말을 골라 ✓표를 하세요.

수학

개월
낱 個 | 달 月

1년은 모두 몇 개월인가요? 1년은 12개월입니다.

1 삼 개월, 육 개월 등 [☐ 해 | ☑ 달]을 셀 때 쓰는 말.

국어

월급
달 月 | 줄 給

선생님은 월급 많이 주면서 모셔 가려는 병원도 많은데, 우리같이 없는 사람들 돌보려고 사서 고생하시는 거래요.

2 일한 대가로 [☐ 한 달 | ☐ 하루]마다 주는 돈.

국어

세월
해 歲 | 달 月

십 년이라는 세월이 흘렀습니다. 그러던 어느 날, 석주명은 편지 한 통을 받았습니다.

3 흘러가는 [☐ 시간 | ☐ 구름].

도덕

생년월일
날 生 | 해 年 | 달 月 | 날 日

생년월일, 주소 등 개인 정보가 침해되지 않도록 비밀번호를 자주 바꿔 줍시다.

4 [☐ 살아온 | ☐ 태어난] 해와 달과 날.

문제로 어휘 力 높여요

1 밑줄 친 어휘와 같은 의미의 한자(漢字)에 ○표를 하세요.

저는 태권도 노란 띠입니다. 이번 <u>달</u>에 열심히 연습해서 다음 <u>달</u>에는 초록 띠를 딸 거예요.

生	月	年	日

2 설명에 알맞은 어휘가 되도록 빈칸에 들어갈 말을 고르세요.

달을 셀 때 쓰는 말. → [ ]월

① 세(歲) ② 천(天) ③ 월(月) ④ 개(個) ⑤ 급(給)

3 빈칸에 알맞은 어휘를 보기에서 골라 쓰세요.

보기

세월 월급

1 우리가 함께 지낸 지도 벌써 5년이라는 [ ][ ]이 흘렀구나.

2 사촌 오빠가 아르바이트로 탄 첫 [ ][ ]으로 선물을 사 주셨어요.

4 ㉠에 들어갈 어휘로 알맞은 것을 고르세요.

이름	김지원
㉠	2016년 3월 7일
전화번호	010-1234-****
이메일	vs0307@visang.com

① 세월
② 시간
③ 생년월일
④ 태어난 곳
⑤ 좋아하는 것

글 쓰며 표현높여요

정답과 해설 105쪽

○ '달 월(月)'이 들어가는 어휘를 넣어서 글을 써 보세요.

새 학기가 되어 우리반 친구들을 처음으로 만났어요. 그리고 친구들 앞에서 나를 소개하는 시간! 두근두근, 떨리는 마음으로 교실 앞에 나갔어요. 어떤 이야기를 해 볼까요?

도움말 개월, 월급, 세월, 생년월일 등에 '달 월(月)'이 들어가요.

예 안녕? 얘들아. 내 생년월일은 2016년 3월 7일이야. 벌써 8년이라는 세월이 흘러서 초등학교에 입학했어. 10개월 뒤에도 너희들과 친한 친구로 지내면 좋겠어.

따라 쓰며 한자力완성해요

오늘의 학습을 평가해 보아요. 부족함 보통임 잘함

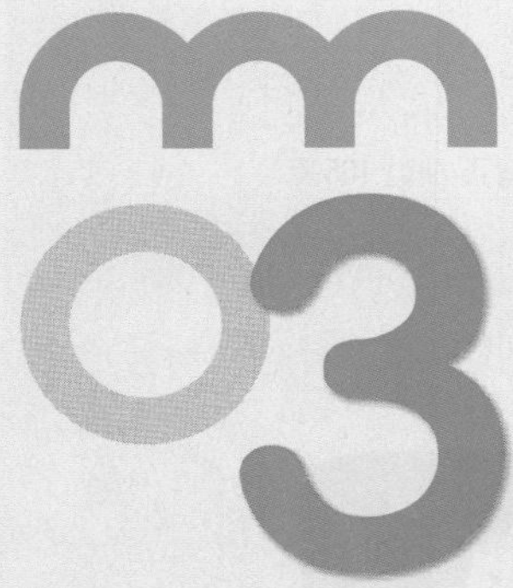

03 불 화(火)

불길이 솟아오르는 모양을 본뜬 글자로, '불'을 뜻하고 '화'라고 읽습니다.

오늘 배울 한자를 그림 속에서 찾아보세요.

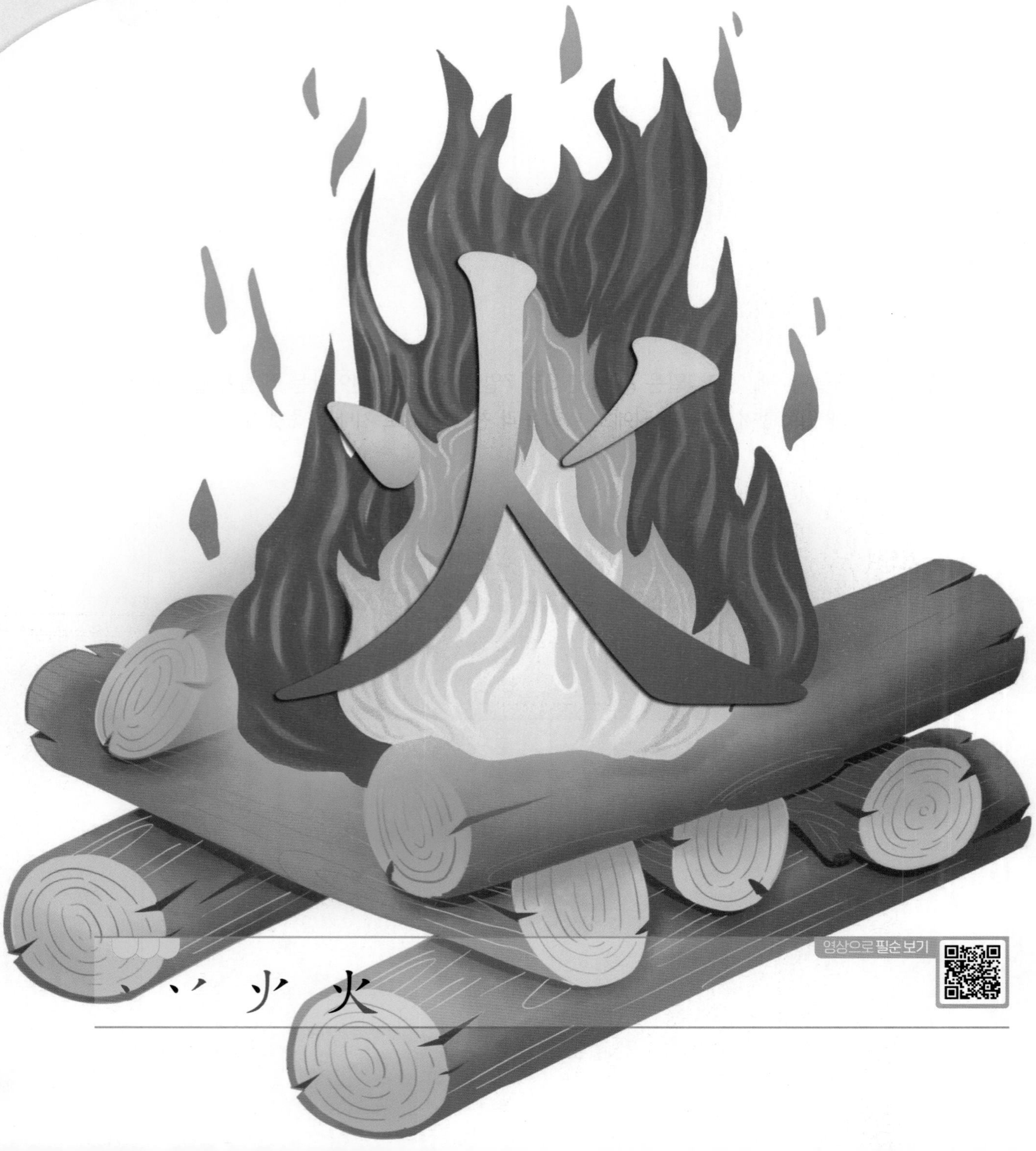

영상으로 필순 보기

丶 丷 火 火

'불 화(火)'가 들어간 어휘

정답과 해설 106쪽

[1~4] 예문을 보고, 어휘의 뜻으로 알맞은 말을 골라 ✓표를 하세요.

안전한 생활

화 재
불 火 | 재앙 災

불이 나면 안전한 장소에서 화재 신고를 해요.

1 [☐ 물 | ☑ 불] 때문에 일어나는 큰 사고.

과학

화 산
불 火 | 산 山

우리나라 화산인 한라산과 백두산을 찾고, 그 특징을 관찰해 봅시다.

2 마그마*가 땅속의 틈을 뚫고 나와 쌓여 만들어진 [☐ 산 | ☐ 바다].

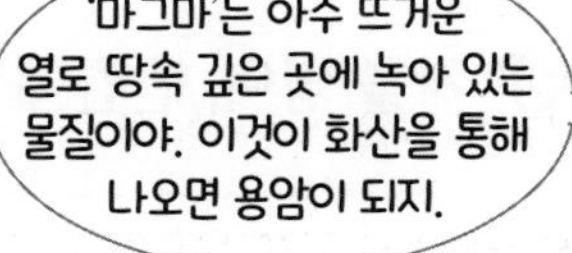

과학

화 상
불 火 | 다칠 傷

맨손으로 뜨거운 그릇을 만지면 화상을 입을 수도 있어요.

3 [☐ 차가운 | ☐ 뜨거운] 것에 데어 피부를 다치는 것.

실과

소 화 기
사라질 消 | 불 火 | 그릇/도구 器

화재 시 안전을 위해 소화기의 위치를 잘 알아 둡시다.

4 불을 [☐ 켜는 | ☐ 끄는] 기구.

문제로 어휘 力 높여요

1 밑줄 친 '화'의 공통된 의미에 ○표를 하세요.

화재가 발생했을 때는 소화기가 필요합니다.

불 | 물 | 바람 | 비

2 내용에 알맞은 어휘를 괄호 안에서 골라 ○표를 하세요.

겨울철 산불 비상이 걸렸습니다. 어젯밤 등산객의 부주의로 (화산 | 화재)가 발생해 소방대원들이 출동했다는 소식입니다. 김비상 기자가 전합니다.

3 '화(火)' 자를 넣어, 빈칸에 공통으로 들어갈 어휘를 쓰세요.

- 요리할 때에는 [ㅎ ㅅ] 을 입지 않도록 조심해요.
- 뜨거운 햇살에도 [ㅎ ㅅ] 을 입을 수 있으니 얇은 옷을 입는 것이 좋아요.

[✎]

4 빈칸에 알맞은 어휘를 보기에서 골라 쓰세요.

보기

화산 소화기

1 건물에 불이 나서 [ ] 로 불을 껐습니다.

2 [ ] 이 폭발하여 용암이 계속 흘러나와 주민들이 대피했습니다.

글 쓰며 표현力 높여요

정답과 해설 106쪽

'불 화(火)'가 들어가는 어휘를 넣어서 글을 써 보세요.

불이 나는 건 무서운 재난이에요. 친구들의 안전을 위해 화재 발생 시 대처 방법과 관련한 영상을 찍어서 인터넷에 올리려고 해요. 영상에서 어떤 말을 해야 할지 써 보세요.

도움말 화재, 화산, 화상, 소화기 등에 '불 화(火)'가 들어가요.

예 우리 주변에서 화재가 발생했다고 상상해 보세요. 화상을 입거나 크게 다칠수도 있겠지요? 이럴 때를 대비하여 소화기 사용법을 알아 두어야 해요.

따라 쓰며 한자力 완성해요

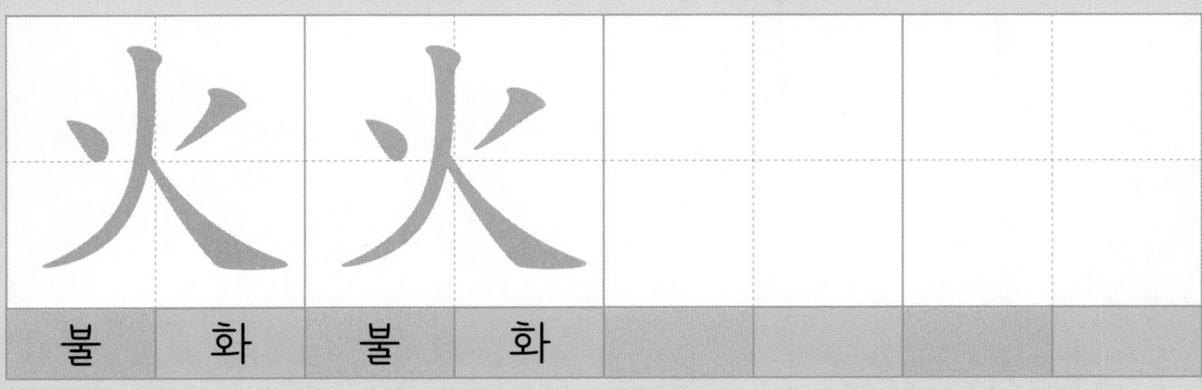

오늘의 학습을 평가해 보아요. 부족함 보통임 잘함

《 공부한 날짜 월 일 》

물 수(水)

물이 흐르는 모양을 본뜬 글자로, '물'을 뜻하고 '수'라고 읽습니다.

◎ 오늘 배울 한자를 순서대로 그려 보세요.

영상으로 필순 보기

亅 刁 水 水

'물 수(水)'가 들어간 어휘

정답과 해설 107쪽

[1~4] 두 개의 뜻 중에서 어휘의 알맞은 뜻을 찾아 ✓표를 하세요.

실과

생 수
날 生 물 水

1 ☑ 샘에서 솟아 나오는 맑은 물.
☐ 바다에서 솟아 나오는 탁한 물.

플라스틱 생수 통은 재활용할 수 있도록 분리배출을 합니다.

체육

수 영
물 水 헤엄칠 泳

2 ☐ 물속을 헤엄치는 일.
☐ 땅에서 힘차게 뛰어가는 일.

수영장은 바닥이 미끄러워 넘어질 수 있으므로 뛰어다니면 안 돼요.

국어

호 수
호수 湖 물 水

3 ☐ 땅이 볼록 튀어나와 물이 말라 있는 곳.
☐ 땅이 우묵하게 들어가 물이 괴어 있는 곳.

호수가 잔잔합니다.

수학

음 료 수
마실 飮 헤아릴 料 물 水

4 ☐ 지루함을 해결하거나 재미를 느낄 수 있도록 만든 볼거리.
☐ 목마름을 해소하거나 맛을 즐길 수 있도록 만든 마실 거리.

음료수 가게에서 민성이와 준서가 주스를 한 병씩 샀습니다.

문제로 어휘 力 높여요

1 **다음 한자(漢字)의 음(소리)이 쓰인 요일을 고르세요.**

水

① 월요일 ② 화요일 ③ 수요일
④ 목요일 ⑤ 금요일

2 **밑줄 친 부분과 뜻이 가장 비슷한 어휘에 ✓표를 하세요.**

안전을 위해서 가벼운 체조로 준비 운동을 한 뒤에 <u>물에 들어가 헤엄쳐요</u>.

☐ 축구 ☐ 스키 ☐ 컬링 ☐ 수영

3 **'생수(生水)'의 알맞은 뜻을 괄호 안에서 골라 ○표를 하세요.**

생수(生水)
뜻 (샘 | 하늘)에서 솟아 나오는 맑은 (공기 | 물).

4 **빈칸에 알맞은 어휘를 선으로 이으세요.**

1 얼음을 탄 [ ] 한 잔이면 여름의 갈증도 걱정 없지. •

2 [ ]에서 배를 탈 때는 구명조끼를 반드시 입어야 해요. •

• ㉠ 호수

• ㉡ 음료수

글 쓰며 표현力 높여요

정답과 해설 107쪽

‘물 수(水)’가 들어가는 어휘를 넣어서 글을 써 보세요.

기다리던 여름방학이 되었어요. 가족 여행을 떠나기 위해 계획을 세우려고 해요. 어디로 여행을 가서 무엇을 하고 싶은가요? 그러기 위해서는 무엇을 준비해야 할까요? 부모님께 나의 의견을 이야기해 보세요.

도움말 생수, 수영, 호수, 음료수 등에 ‘물 수(水)’가 들어가요.

예 이번 여름 방학에는 호수 근처에서 캠핑을 하고 싶어요. 물이 깊기 때문에 수영은 하지 말고, 주변에 앉아 시원한 것을 먹으며 풍경을 감상하는 것이 좋겠어요. 수박도 가져가고 생수랑 음료수도 꼭 챙겨 가요.

따라 쓰며 한자力 완성해요

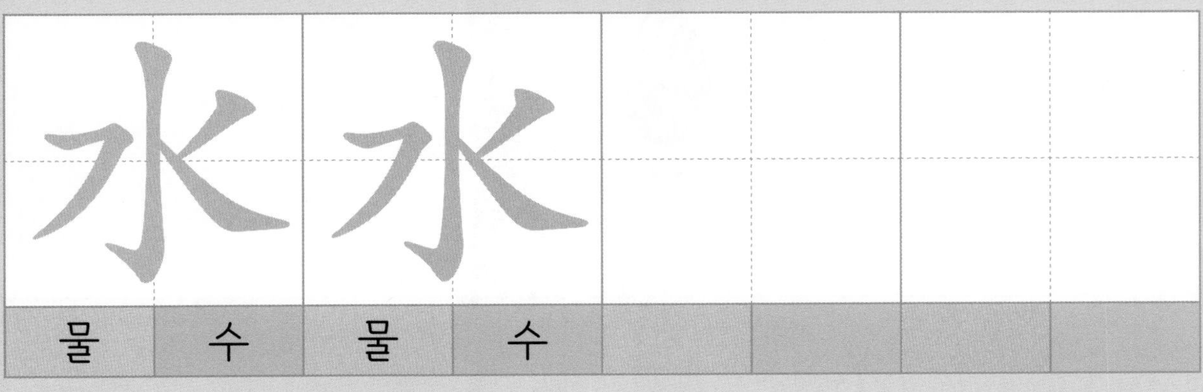

오늘의 학습을 평가해 보아요. 부족함 보통임 잘함

나무 목(木)

나무의 모양을 본뜬 글자로, '나무'를 뜻하고 '목'이라고 읽습니다.

◎ 오늘 배울 한자를 색칠해 보세요.

木

영상으로 필순 보기

一 十 才 木

'나무 목(木)'이 들어간 어휘

정답과 해설 108쪽

○ [1~4] 두 개의 뜻 중에서 어휘의 알맞은 뜻을 찾아 ✓표를 하세요.

목수 (나무 木 / 손 手)

1
- [ ] 돌로 집이나 가구 등을 만드는 일을 직업으로 하는 사람.
- [x] 나무로 집이나 가구 등을 만드는 일을 직업으로 하는 사람.

우리 동네 가구점에서는 목수 아저씨가 멋진 가구를 만들어 줍니다.

수학

목마 (나무 木 / 말 馬)

2
- [ ] 풀로 소의 모양을 깎아 만든 물건.
- [ ] 나무로 말의 모양을 깎아 만든 물건.

하루 동안 회전목마에 탈 수 있는 사람은 모두 몇 명인가요?

사회

수목원 (나무 樹 / 나무 木 / 동산 園)

3
- [ ] 여러 동물을 관람할 수 있도록 일정한 시설을 갖추어 놓은 곳.
- [ ] 관찰이나 연구 목적으로 여러 가지 나무를 모아 키우는 곳.

수목원에는 나무가 많으니까 그림지도에 초록색으로 색칠해야겠다.

사회

식목일 (심을 植 / 나무 木 / 날 日)

4
- [ ] 나무를 많이 심고 아껴 가꾸도록 하기 위하여 나라에서 정한 날.
- [ ] 나라를 위하여 싸우다 숨진 사람들의 충성을 기리기 위하여 나라에서 정한 날.

식목일을 기념하기 위해 가족과 함께 화분에 예쁜 식물을 심었어요.

문제로 어휘力 높여요

1

밑줄 친 부분에 '목(木)' 자가 쓰이지 않은 문장에 ✓표를 하세요.

☐ ㉠ 어디선가 귀에 익은 목소리가 들려왔어요.

☐ ㉡ 솜씨 좋은 목수가 튼튼한 나무로 기둥을 세웠어요.

☐ ㉢ 놀이동산에는 형형색색의 목마가 빙빙 돌고 있었어요.

2

이 사람은 누구일까요? 설명에 가장 알맞은 직업을 고르세요.

저는 나무를 다루는 사람이에요. 주로 나무로 집을 짓거나 옷장, 책장 같은 가구를 만들지요. 나무로 여러 기구를 만들기도 해요.

① 의사 ② 가수 ③ 농부 ④ 목수 ⑤ 교사

3

밑줄 친 부분과 의미가 비슷한 어휘에 ○표를 하세요.

엄마가 그러시는데, 저는 4살 때 나무로 만든 말을 타고 노는 것을 좋아했대요.

백마 | 승마 | 목마 | 얼룩말

4

빈칸에 '목(木)' 자가 들어가는 어휘를 쓰세요.

1 [ㅅ][ㅁ][ㅇ]에는 나무가 참 많아요. 동네에서 보기 힘든 세계 여러 나라의 나무들이 많이 있답니다. [ ]

2 매년 4월 5일은 [ㅅ][ㅁ][ㅇ]이에요. 이날은 나무를 심기도 하고, 나무를 사랑하는 마음을 다져 보기도 해요. [ ]

글 쓰며 표현力 높여요

정답과 해설 108쪽

● '나무 목(木)'이 들어가는 어휘를 넣어서 글을 써 보세요.

나무는 우리 주변에서 늘 볼 수 있지만, 우리가 나무에 대해 아는 것은 많지 않아요. 나무를 심고 가꾸는 날인 식목일을 맞아 친구들과 나무에 대해 조사하기로 했어요. 어떤 방법으로 조사하면 좋을지 친구에게 나의 계획을 말해 보세요.

 목수, 목마, 수목원, 식목일, 목재, 목공소 등에 '나무 목(木)'이 들어가요.

예 이번 식목일에는 직접 수목원에 가 보자. 다양한 나무들을 직접 보고 공부하면 많은 지식을 얻을 수 있을 거야.

따라 쓰며 한자力 완성해요

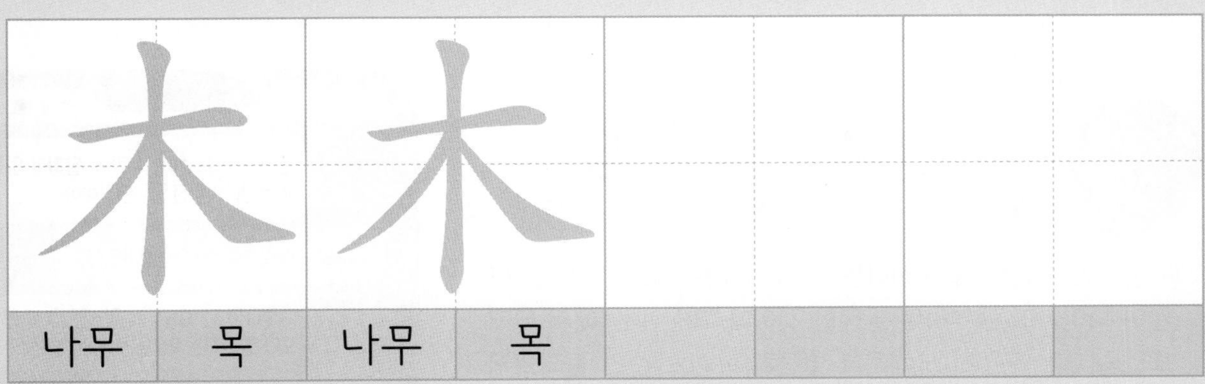

오늘의 학습을 평가해 보아요. 부족함 보통임 잘함

01~05 독해로 마무리해요

정답과 해설 109쪽

1~2 다음 글을 읽고, 물음에 답하세요.

날짜: 20○○년(年) 4월(月) 5일(日) 화(火)요일

학교에 입학한 지 일 개월(個月)이 지났다. 오늘은 식목일(植木日)이라서 우리 반 친구들, 선생님과 모두 함께 수목원(樹木園)으로 체험 학습을 다녀왔다. 수목원 구경을 하다 보니 목이 말랐는데, 다행히 엄마가 가방에 넣어 주신 생수(生水)가 있어서 물을 마실 수 있었다. 나무가 많은 곳에서 물을 마시니 물맛도 더 좋게 느껴졌다. 산불과 관련한 화재(火災) 예방 교육까지 마친 뒤에 집에 돌아왔다.

내일(來日)은 드디어 기다리던 내 생일(生日)이다. 친구들과 만나 맛있는 과자를 먹고 음료수(飮料水)도 마시며 재미있게 놀기로 했다. 내일이 기대되어서 오늘은 잠이 오지 않을 것 같다.

1 **이 글의 핵심 내용을 파악하여 빈칸에 알맞은 말을 쓰세요.**

{ ☐☐☐에 다녀온 날. }

2 **이글의 내용과 일치하는 것을 고르세요.**

① 오늘은 내 생일이다.
② 어제는 식목일이었다.
③ 내일은 친구들과 놀기로 했다.
④ 엄마는 가방에 음료수를 넣어 주셨다.
⑤ 글쓴이는 학교에 입학한 지 이 개월이 지났다.

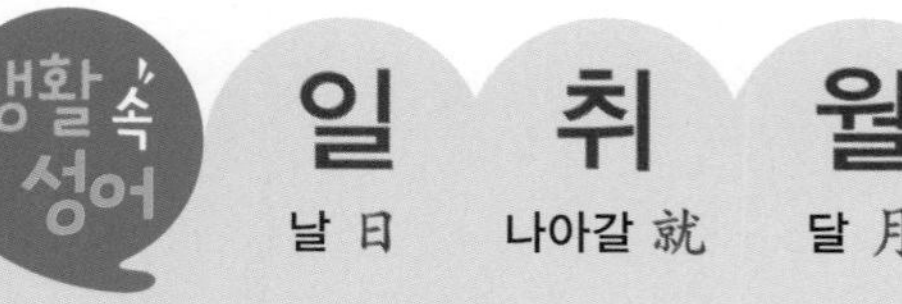

중국의 『시경(詩經)』이라는 책에 나오는 말로 "나날이 다달이 나아가고 공부하여 발전할 것이다."라는 내용에서 유래되었습니다. 꾸준히 노력하고 발전하여 어느 순간 몰라보게 좋아진 상태를 '일취월장'이라고 합니다.

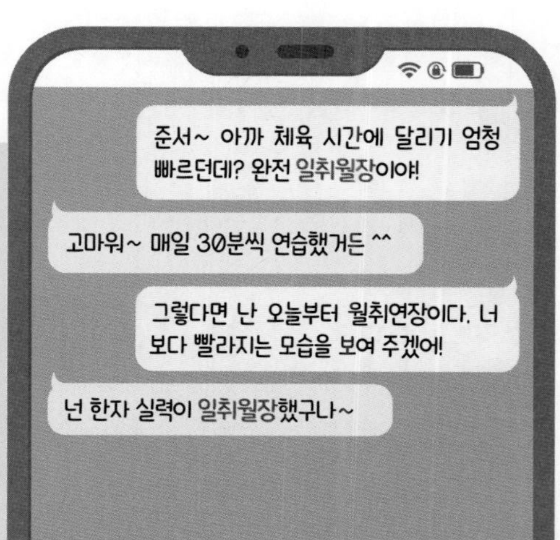

놀이로 정리해요

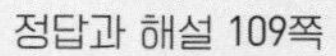
정답과 해설 109쪽

어휘의 뜻풀이가 맞으면 ○로, 틀리면 ×로 건너가서 개구리 친구에게 줄 선물을 골라 보세요.

쇠 금(金)

금속이 땅속에 있는 모양을 본뜬 글자로, '쇠'나 '금속', '돈'을 뜻하고 '금'이라고 읽습니다.

◎ 오늘 배울 한자를 그림 속에서 찾아보세요.

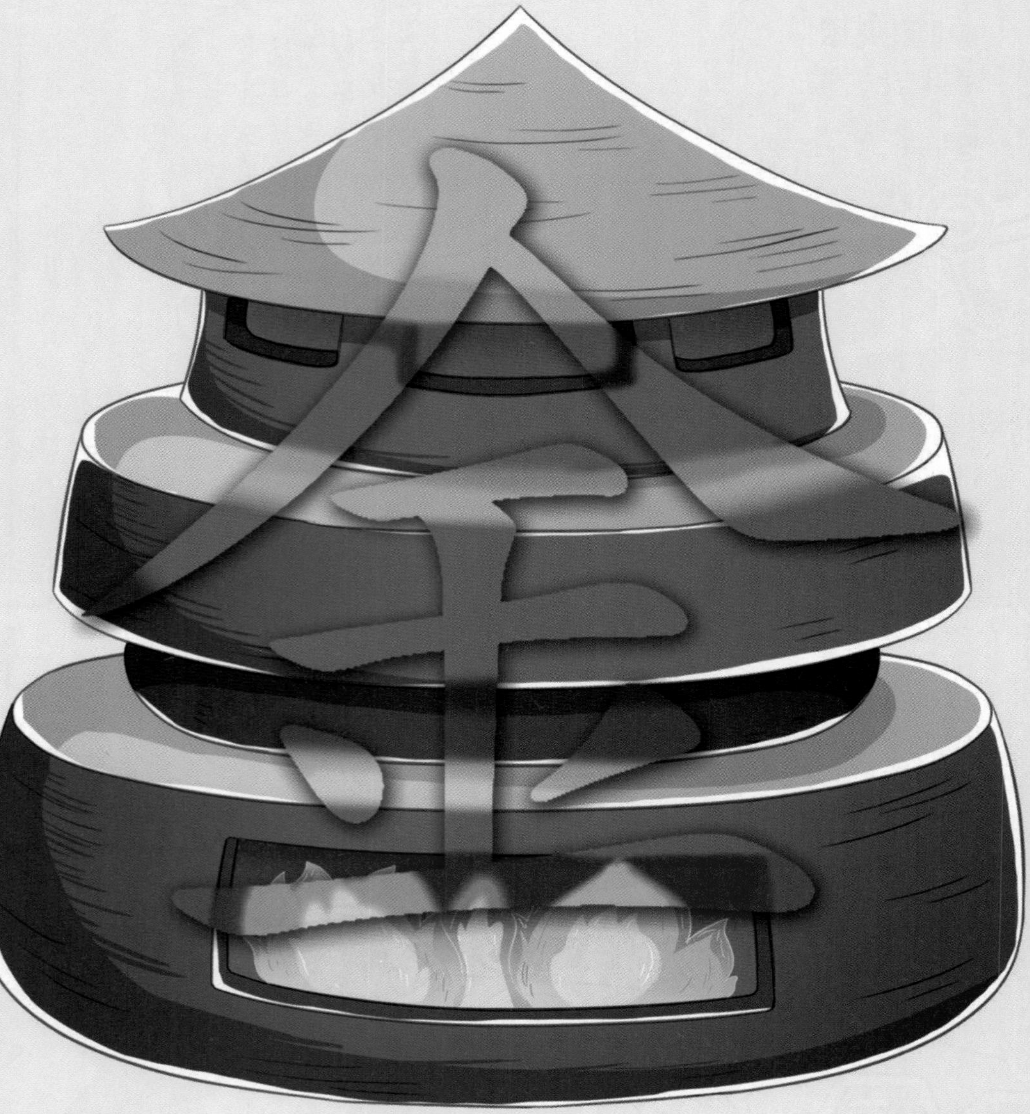

영상으로 필순 보기

丿 人 𠆢 今 今 全 余 金

'쇠 금(金)'이 들어간 어휘

정답과 해설 110쪽

[1~4] 두 개의 뜻 중에서 어휘의 알맞은 뜻을 찾아 ✓표를 하세요.

미술

저금
쌓을 貯 쇠 金

1 ☑ 돈을 모아 둠. 또는 그 돈.
☐ 돈을 내어 쓰거나 내어 줌. 또는 그 돈.

나는 미술 시간에 돼지 저금통을 올려놓을 받침을 만들었습니다.

상금
상줄 賞 쇠 金

2 ☐ 규칙을 위반했을 때에 벌로 내게 하는 돈.
☐ 착한 행동이나 잘한 일을 격려하기 위해 주는 돈.

네 명의 친구가 상금을 타기 위해 노래 자랑 대회에 참가했습니다.

실과

요금
헤아릴 料 쇠 金

3 ☐ 일정 기간 은행이나 우체국 등에 맡긴 돈.
☐ 남의 힘을 빌리거나 사물을 사용·소비·관람한 대가로 치르는 돈.

용돈으로 학용품을 사거나, 버스 요금을 내거나, 저축을 할 수 있습니다.

국어

임금
품삯 賃 쇠 金

4 ☐ 근로자가 일한 대가로 받는 돈.
☐ 국가가 필요한 돈을 채우기 위해 거두어 들이는 돈.

하루 종일 축구공을 만들고 받는 임금은 고작 몇천 원이었습니다.

1 **어휘의 뜻을 참고하여, 빈칸에 공통으로 들어갈 어휘에 ◯표를 하세요.**

뜻 사물을 사용하거나, 소비한 대가로 치르는 돈.

예 전화 [ ][ ], 수도 [ ][ ], 전기 [ ][ ]

요금	현금	모금	세금

2 **밑줄 친 어휘가 보기의 뜻으로 쓰인 문장에 ✓표를 하세요.**

보기

임금(賃金): 일한 대가로 받는 돈.

[ ] ㉠ 어진 임금은 백성들을 편안하게 살도록 나라를 다스린다.

[ ] ㉡ 나는 처음으로 받은 임금으로 부모님께 드릴 선물을 샀다.

3 **빈칸에 알맞은 한자(漢字)를 고르세요.**

상금(賞金) : 착한 행동이나 잘한 일을 격려하기 위해 주는 돈.	↔ 반대	[ ]금([ ]金) : 규칙을 위반했을 때에 벌로 내게 하는 돈.

① 一 (하나 일) ② 收 (거둘 수) ③ 可 (옳을 가)

④ 罰 (벌할 벌) ⑤ 積 (쌓을 적)

4 **빈칸에 공통으로 들어갈 글자를 한자(漢字)로 쓰세요.**

• 동생은 용돈을 받으면 꼬박꼬박 [저][ ]을 한다.

• 나는 황금처럼 보이는 [ ][색] 색종이로 빛나는 왕관을 만들었다.

[✎]

글 쓰며 표현力 높여요

정답과 해설 110쪽

'쇠 금(金)'이 들어가는 어휘를 넣어서 글을 써 보세요.

열심히 준비한 바둑 대회에서 일 등을 했어요!
취재하러 온 기자의 다음 질문에 답을 해 주세요.

진행자: 우승을 진심으로 축하합니다. 현재 기분은 어떤지, 우승 상금은 어떻게 사용하실 계획인지 말씀해 주세요!

도움말 저금, 상금, 예금, 모금, 축하금, 기부금, 금메달, 금색 등에 '쇠 금(金)'이 들어가요.

예 바둑 대회에서 처음으로 금메달을 받게 되어 정말 기쁩니다. 이번 대회에서 받은 상금은 잘 저금해 두었다가 어른이 되면 필요한 일에 사용하겠습니다. 고맙습니다.

따라 쓰며 한자力 완성해요

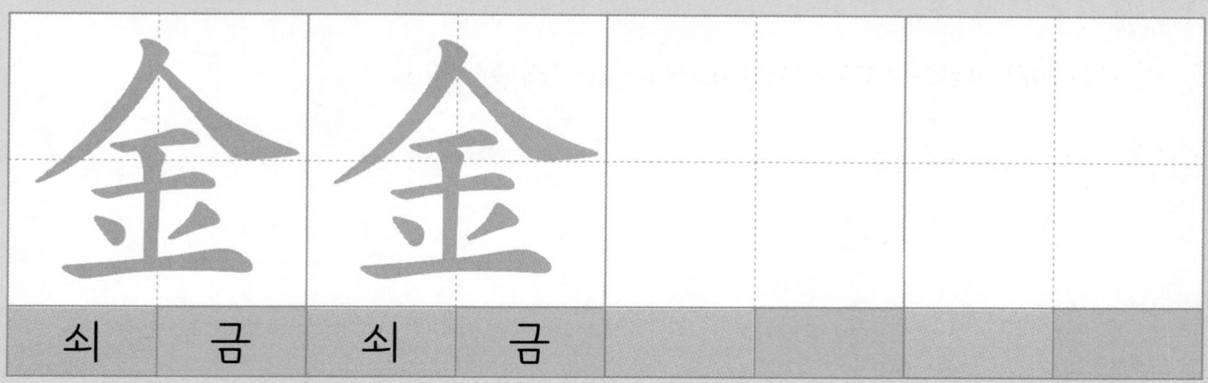

오늘의 학습을 평가해 보아요. 부족함 보통임 잘함

흙 토(土)

땅 위에 흙덩어리가 뭉쳐 있는 모양을 본뜬 글자로, '흙'을 뜻하고 '토'라고 읽습니다.

◎ 오늘 배울 한자를 순서대로 그려 보세요.

土

영상으로 필순 보기

一 十 土

'흙 토(土)'가 들어간 어휘

정답과 해설 111쪽

[1~4] 예문을 보고, 어휘의 뜻으로 알맞은 말을 골라 ✓표를 하세요.

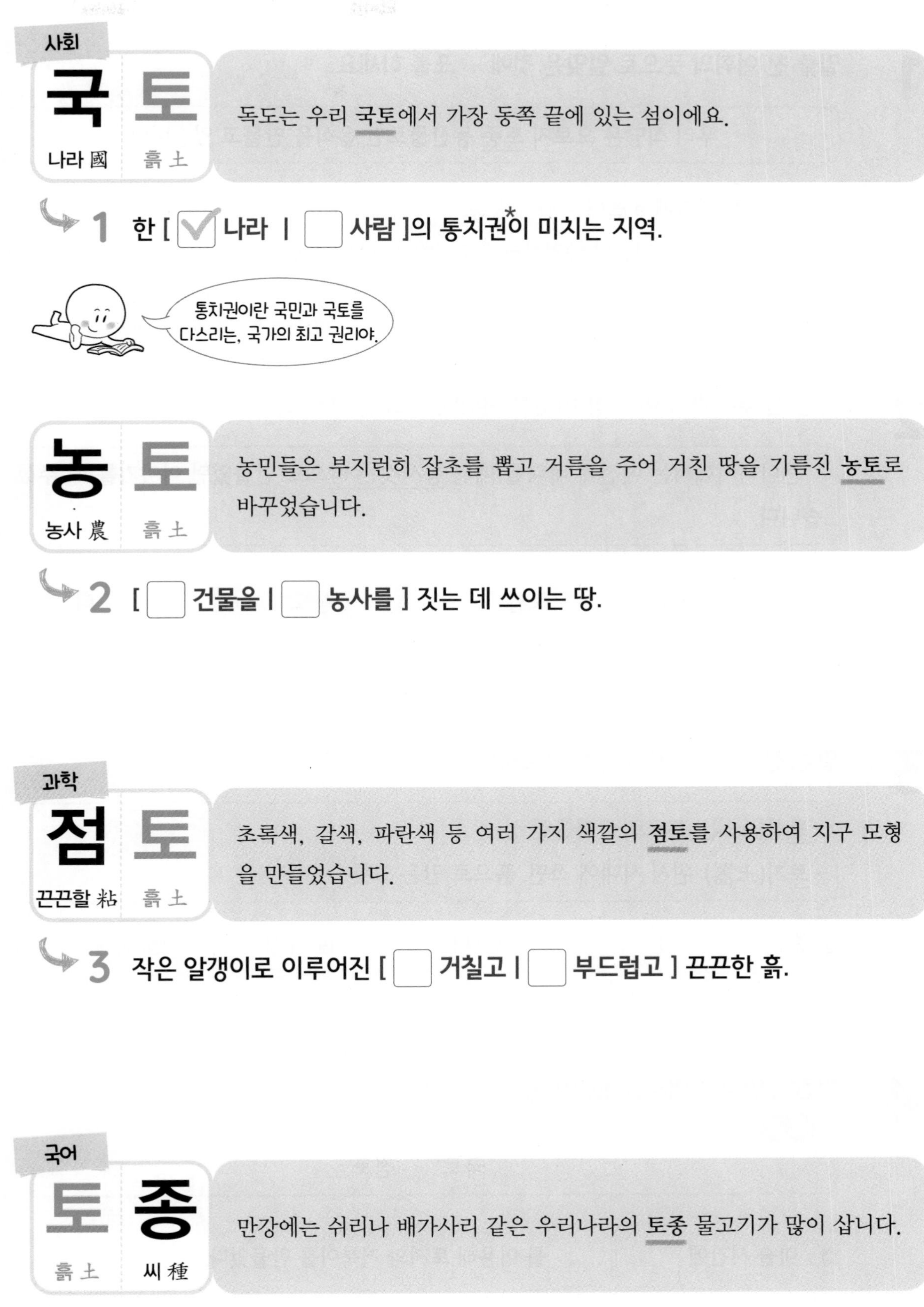

사회

국 토
나라 國 / 흙 土

독도는 우리 국토에서 가장 동쪽 끝에 있는 섬이에요.

1 한 [☑ 나라 | ☐ 사람]의 통치권*이 미치는 지역.

농 토
농사 農 / 흙 土

농민들은 부지런히 잡초를 뽑고 거름을 주어 거친 땅을 기름진 농토로 바꾸었습니다.

2 [☐ 건물을 | ☐ 농사를] 짓는 데 쓰이는 땅.

과학

점 토
끈끈할 粘 / 흙 土

초록색, 갈색, 파란색 등 여러 가지 색깔의 점토를 사용하여 지구 모형을 만들었습니다.

3 작은 알갱이로 이루어진 [☐ 거칠고 | ☐ 부드럽고] 끈끈한 흙.

국어

토 종
흙 土 / 씨 種

만강에는 쉬리나 배가사리 같은 우리나라의 토종 물고기가 많이 삽니다.

4 가축이나 농작물이 예전부터 [☐ 한 지방 | ☐ 여러 곳]에서 나는 종류.

문제로 어휘力 높여요

1 **밑줄 친 어휘의 뜻으로 알맞은 것에 ✓표를 하세요.**

우리 식당은 오로지 토종 농산물로만 음식을 만들고 있습니다.

☐ ㉠ 다른 나라에서 들어온 씨나 품종.
☐ ㉡ 가축이나 농작물이 예전부터 한 지방에서 나는 종류.

2 **밑줄 친 부분과 뜻이 가장 비슷한 어휘에 ○표를 하세요.**

큰아버지께서는 예전에 바다를 메워 농사짓는 땅으로 만들었던 이야기를 해 주셨습니다.

대지 | 토양 | 농토 | 공터

3 **밑줄 친 '토(土)' 자의 뜻을 고르세요.**

- 토성(土城): 흙으로 쌓아올린 성.
- 토기(土器): 원시 시대에 쓰던, 흙으로 만든 그릇.

① 흙 ② 비 ③ 바람 ④ 구름 ⑤ 하늘

4 **빈칸에 알맞은 어휘를 보기에서 골라 쓰세요.**

보기
국토 점토

1 미술 시간에 ☐☐를 이용해 토끼와 거북이를 만들었다.

2 어떤 상황에서도 다른 나라의 ☐☐를 침범하는 전쟁이 일어나서는 안 된다.

글 쓰며 표현力 높여요

정답과 해설 111쪽

◎ '흙 토(土)'가 들어가는 어휘를 넣어서 글을 써 보세요.

모내기가 한창인 땅을 바라보며 푸념하고 있는 흥부가 뭐라고 하는지 들어 보고, 조언을 건네 보세요.

"휴. 이렇게 좋은 땅이 많은데, 내가 곡식을 심을 땅은 없네. 아이들은 무엇을 먹여 키우지?"

도움말 농토, 토종, 토지, 토양 등에 '흙 토(土)'가 들어가요.

예 사람들이 사용하지 않고 비어 있는 토지를 찾아보세요. 비록 시간은 걸리겠지만 거름도 듬뿍 주고 열심히 가꾸면 기름진 농토가 되어, 토종 식물을 재배할 수 있을 거예요.

따라 쓰며 한자力 완성해요

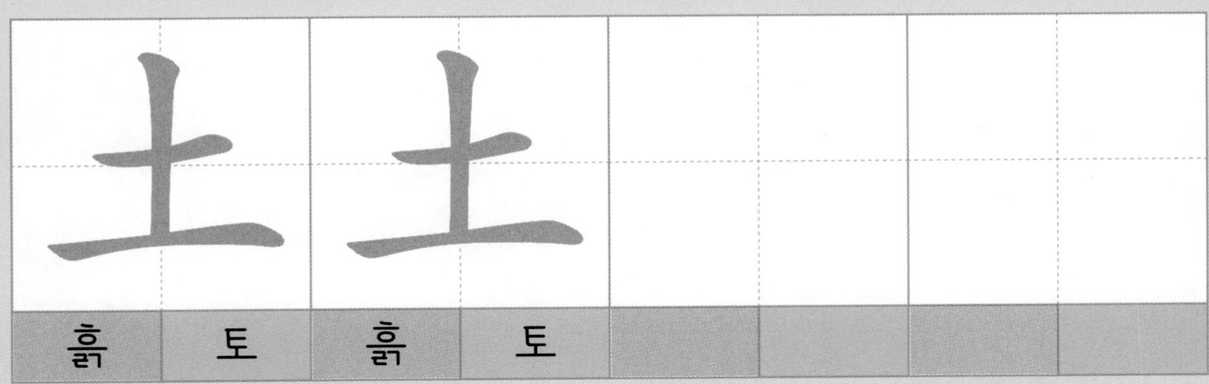

오늘의 학습을 평가해 보아요. 부족함 보통임 잘함

하늘 천(天)

사람이 서 있는 모양인 '大(큰 대)'와 '一(하나 일)'을 합하여, 사람의 머리 위에 하늘이 있다는 것을 표현한 글자입니다. '하늘'을 뜻하고 '천'이라고 읽습니다.

◎ 오늘 배울 한자를 색칠해 보세요.

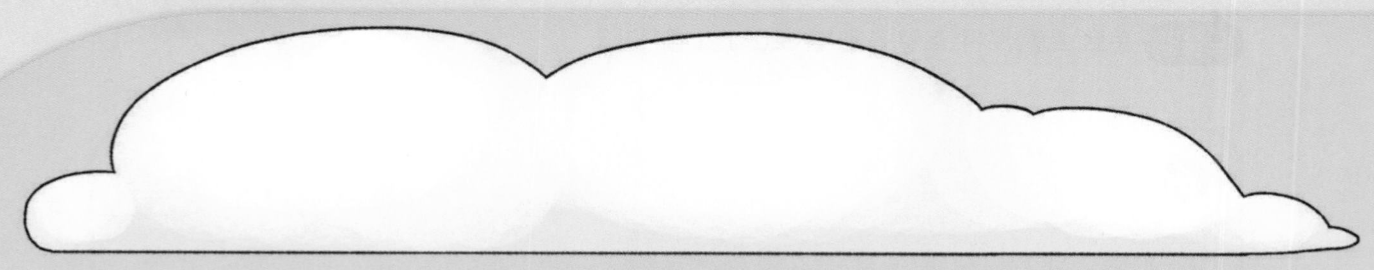

一 二 チ 天

영상으로 필순 보기

'하늘 천(天)'이 들어간 어휘

정답과 해설 112쪽

[1~4] 두 개의 뜻 중에서 어휘의 알맞은 뜻을 찾아 ✓표를 하세요.

음악

천하

하늘 天 아래 下

1
- [ ] 하늘보다 높은 곳.
- [x] 하늘 아래 온 세상.

용은 왕에게 "이 대나무로 피리를 만들어 불면 천하가 평화로울 것입니다."라고 말했습니다.

체육

천장

하늘 天 막을 障

2
- [ ] 집이나 건물의 안에서 위쪽 면.
- [ ] 하늘을 지붕이나 벽으로 가리지 않은 곳.

'배영'은 천장을 보는 자세로 반듯이 누워서 앞으로 나아가는 수영 방법입니다.

국어

천연

하늘 天 그럴 然

3
- [ ] 사람의 힘으로 만들어 낸 것.
- [ ] 사람의 힘을 가하지 않은 자연 그대로의 상태.

자연에서 얻은 붉은색의 천연 색소가 음식을 더 맛있어 보이게 했습니다.

사회

천재

하늘 天 재주 才

4
- [ ] 하늘에 떠 있는 별이나 우주를 연구하는 사람.
- [ ] 태어날 때부터 지니고 있는 뛰어난 재주. 또는 그런 재주를 가진 사람.

정약용은 7세에 시를 지어서 '천재' 소리를 들었습니다.

문제로 어휘 力 높여요

1 밑줄 친 곳에 알맞은 글자를 고르세요.

온달: 당신과 함께 있으면 시간 가는 줄 모르겠소.
평강: 우리는 하늘이 내려 준 인연인 '[　　]생연분'이기 때문이죠.

① 一(하나 일)　② 牛(소 우)　③ 國(나라 국)
④ 人(사람 인)　⑤ 天(하늘 천)

2 밑줄 친 어휘의 뜻을 보기에서 골라 그 기호를 쓰세요.

보기
㉠ 하늘 아래 온 세상.　㉡ 집이나 건물의 안에서 위쪽 면.

1 나는 줄넘기 100개를 성공하고 천하를 얻은 듯 기뻤다. [　　]

2 한밤중에 불을 켜 보니, 모기 한 마리가 천장에 붙어 있었다. [　　]

3 밑줄 친 어휘와 반대의 뜻인 어휘에 ○표를 하세요.

이 공원은 작년에 만들어 놓은 인공 폭포가 있어서 항상 사람들로 붐빈다.

천성　천문　천연　천국

4 '천(天)' 자를 넣어, 밑줄 친 곳에 공통으로 들어갈 어휘를 쓰세요.

- 베짱이는 자신을 ___ㅊㅈ___ 음악가라고 소개했다.
- 어려서부터 그림에 뛰어난 재능을 보였던 예윤이는 커서 ___ㅊㅈ___ 화가라고 불렸다.

[　　]

글 쓰며 표현力 높여요

정답과 해설 112쪽

'하늘 천(天)'이 들어가는 어휘를 넣어서 글을 써 보세요.

아니, 자고 일어났더니 내게 하늘을 나는 능력이 생겼어요. 마음껏 하늘을 날다가, 산의 꼭대기에서 잠깐 쉬며 아래를 내려다보았어요. 지금 기분이 어떤지 이야기해 주세요.

도움말 천하, 천장, 천재, 천지, 천상 등에 '하늘 천(天)'이 들어가요.

예 이렇게 높은 곳에서 아래를 내려다보니 천하가 제 발 아래에 있는 것만 같아서 가슴이 콩닥콩닥 뛰어요. 가끔 천장을 뚫고 나는 것을 상상했는데, 꿈이 이루어진 기분이에요.

따라 쓰며 한자力 완성해요

오늘의 학습을 평가해 보아요. 부족함 보통임 잘함

땅 지(地)

흙을 뜻하는 '土(흙 토)'와 뱀의 모양을 본뜬 '也(어조사 야)'를 합쳐, 뱀이 기어다니는 땅을 표현하는 글자로, '땅'을 뜻하고 '지'라고 읽습니다.

◎ 번호 순서대로 점을 이어 오늘 배울 한자를 확인해 보세요.

1 2 3 4 5

一 十 土 圵 地 地

영상으로 필순 보기

'땅 지(地)'가 들어간 어휘

정답과 해설 113쪽

[1~4] 예문을 보고, 어휘의 뜻으로 알맞은 말을 골라 ✓표를 하세요.

국어

지구 (땅 地 / 공 球)

옛날에는 사람들이 지구의 모양이 편평하다고 생각했어요.

1 태양계 행성 가운데 태양에서 셋째로 가까우며, 사람이 [☑ 사는 | ☐ 살지 못하는] 행성.

안전한 생활

지진 (땅 地 / 벼락 震)

지진이 일어났을 때 어떻게 해야 하는지 알고, 가족과 연습해 봅시다.

2 땅속 물질이 움직이거나 화산 활동이 일어나 [☐ 땅 | ☐ 하늘]이 흔들리며 움직이는 일.

국어

지도 (땅 地 / 그림 圖)

사진, 표, 지도, 그림 등을 활용하면 전달하려는 내용을 효과적으로 표현할 수 있어요.

3 지구 표면의 상태를 일정하게 [☐ 늘여 | ☐ 줄여], 이를 약속된 기호로 나타낸 그림.

'중심(中心)'은 '사물의 한가운데.'를 뜻하거나, '사물이나 행동에서 매우 중요하고 기본이 되는 부분.'을 뜻해요.

사회

중심지 (가운데 中 / 마음 心 / 땅 地)

우리 지역의 중심지에는 여러 가지 시설이 있고 많은 사람들이 모여 삽니다.

4 어떤 일이나 활동의 [☐ 중심이 | ☐ 바깥이] 되는 곳.

문제로 어휘力 높여요

1 **다음 글의 제목으로 가장 알맞은 것에 ✓표를 하세요.**

땅이 흔들리면 주변에서 물건이 떨어지며 다칠 수도 있으니 머리를 감싸고 대피해요. 흔들림이 심할 때에는 탁자 아래로 들어가서 몸을 보호해요.

- ☐ 화재가 발생했을 때 주의해야 할 행동
- ☐ 지진이 일어났을 때 안전하게 피하는 방법
- ☐ 집에서 다쳤을 때 가장 먼저 해야 할 조치

2 **빈칸에 공통으로 들어갈 어휘를 쓰세요.**

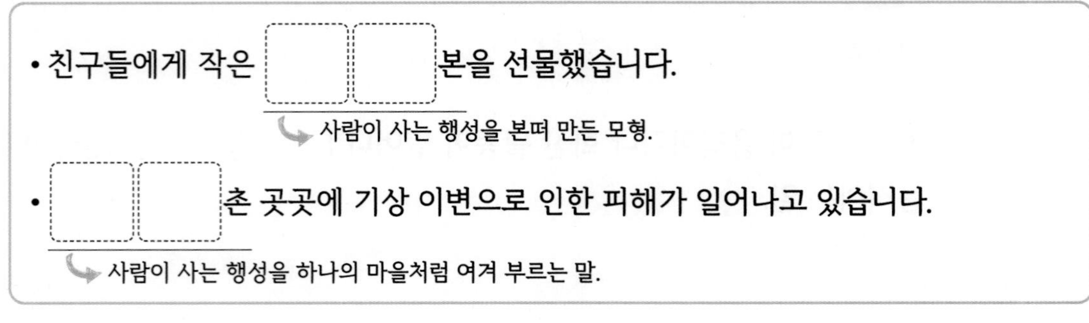

[ ]

3 **'중심'과 뜻이 비슷한 어휘에 ○표를 하세요.**

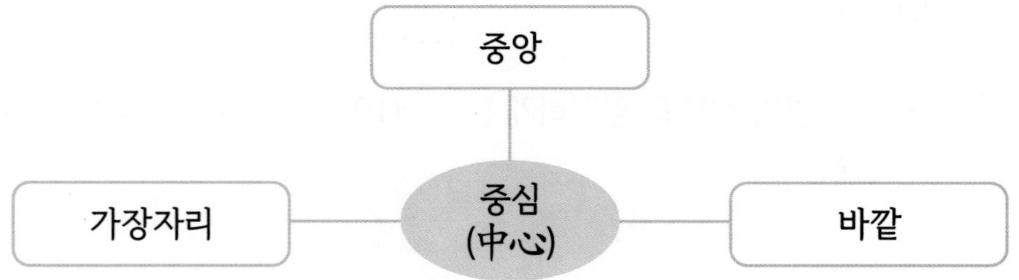

4 **'지(地)' 자를 넣어, 밑줄 친 곳에 알맞은 어휘를 쓰세요.**

아인: 엄마, 우리나라 주변에 어떤 나라들이 있는지 궁금해요.
엄마: 그럼 이 세계 ___ㅈㄷ___를 볼까? 먼저 우리나라가 어디 있는지 찾아봐.

[ ]

글 쓰며 표현力 높여요

정답과 해설 113쪽

○ '땅 지(地)'가 들어가는 어휘를 넣어서 글을 써 보세요.

방학 동안 친구들과 우리나라 곳곳의 유명한 관광지를 찾아 다니기로 했어요. 이번 목적지는 집과 먼 곳에 있어서, 조금 긴장되어요. 관광지에 갈 때는 어떤 것을 준비해야 할지 친구들과 의논해 보세요.

지도, 중심지, 지역, 지방 등에 '땅 지(地)'가 들어가요.

예 길을 찾아갈 수 있도록 지도를 꼭 준비하고 그 지역의 중심지에 대한 정보를 미리 알아 두자.

따라 쓰며 한자力 완성해요

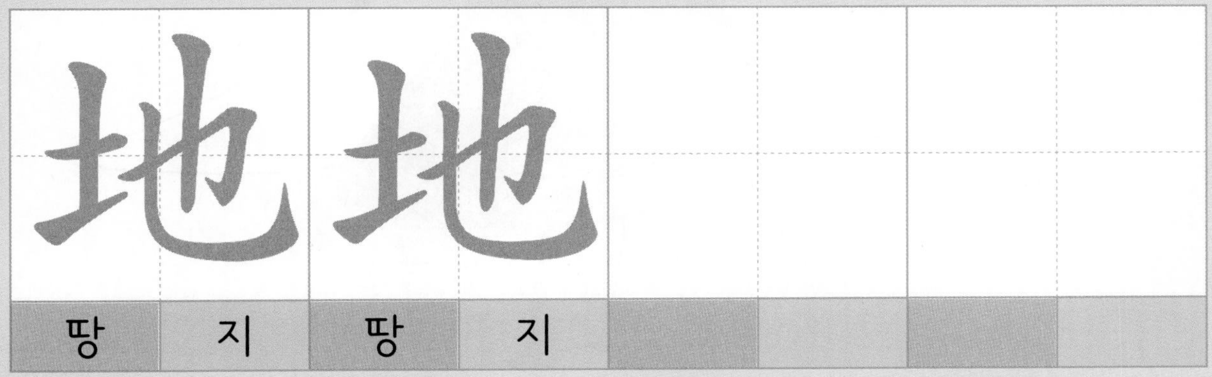

오늘의 학습을 평가해 보아요. 부족함 보통임 잘함

사람 인(人)

사람이 허리를 굽히고 팔을 지긋이 내린 채 서 있는 옆모습을 본뜬 글자로, '사람'을 뜻하고 '인'이라고 읽습니다.

◎ 오늘 배울 한자를 색칠해 보세요.

人

丿 人

영상으로 필순 보기

'사람 인(人)'이 들어간 어휘

정답과 해설 114쪽

[1~4] 두 개의 뜻 중에서 어휘의 알맞은 뜻을 찾아 ✓표를 하세요.

도덕

위인
훌륭할 偉 사람 人

1 ☑ 뛰어나고 훌륭한 사람.
☐ 나이가 많이 들어 늙은 사람.

도서관에 가서 위인전을 찾아 읽어 보면 위인의 일생과 업적을 알 수 있어요.

음악

인원
사람 人 인원 員

2 ☐ 필요한 물건의 개수.
☐ 단체를 이루고 있는 사람들. 또는 그 사람들의 수.

탈춤을 배우는 수업의 모집 인원은 스무 명입니다.

국어

인물
사람 人 물건 物

3 ☐ 생명이 없는 물체.
☐ 일정한 상황에서 어떤 역할을 하는 사람.

글을 읽고 인물의 마음을 짐작해 자신의 생각을 써 봅시다.

수학

인형
사람 人 모양 形

4 ☐ 사람이나 동물 모양으로 만든 장난감.
☐ 다른 사람의 말이나 뜻에 따라서 움직이는 물건.

현서는 인형 50개 중 30개를 팔고 남은 인형을 기부했습니다.

문제로 어휘 力 높여요

1 왼쪽에 제시된 한자(漢字)가 쓰이지 않은 어휘를 고르세요.

① 노인 ② 시인 ③ 상인
④ 군인 ⑤ 할인

2 밑줄 친 곳과 바꾸어 쓸 수 있는 어휘에 ✓표를 하세요.

우리나라의 역사 인물 중에는 뛰어나고 훌륭한 사람이 많습니다.

☐ 위인 ☐ 주인

3 '인(人)' 자를 넣어, 빈칸에 공통으로 들어갈 어휘를 쓰세요.

- 동생이 포근한 [ㅇ][ㅎ]을 껴안고 잠이 들었습니다.
- 이 [ㅇ][ㅎ]은 내가 어린 시절부터 가지고 놀던 것이에요.

[✎]

4 밑줄 친 어휘가 어떤 뜻으로 쓰였는지 알맞게 선으로 이으세요.

1 집을 짓는 일에는 많은 수의 인원이 필요하다. • • ㉠ 단체를 이루고 있는 사람들.

2 이야기에 등장하는 인물을 직접 만나 볼 수는 없겠지? • • ㉡ 일정한 상황에서 어떤 역할을 하는 사람.

글 쓰며 표현力 높여요

정답과 해설 114쪽

◎ '사람 인(人)'이 들어가는 어휘를 넣어서 글을 써 보세요.

눈이 휘둥그레 떠지는 이곳은 바로 장난감이 가득한 장난감 가게! 수많은 장난감 중에, 내 용돈으로 살 수 있는 것은 딱 하나뿐이에요. 나는 어떤 장난감을 고를까요? 그리고 그것을 고른 까닭을 함께 이야기해 주세요.

인물, 인형, 인기, 인사, 주인공 등에 '사람 인(人)'이 들어가요.

예 나는 내가 좋아하는 영화의 주인공과 똑같이 생긴 인형을 고를 거야. 그럼 매일 인사를 나눌 수 있는 친구가 생긴 기분일 것 같아.

따라 쓰며 한자力 완성해요

오늘의 학습을 평가해 보아요. 부족함 보통임 잘함

06~10 독해로 마무리해요

정답과 해설 115쪽

1~2 다음 글을 읽고, 물음에 답하세요.

오늘 함께 알아볼 위인(偉人)은 조선의 지리학자인 '김정호'입니다.

김정호는 가난한 집안에서 태어났지만 어려서부터 국토(國土)에 대한 관심이 많았어요. 김정호가 어릴 때 우연히 마을 지도(地圖)를 보게 되었는데 지도와 실제 마을의 모양이 많이 달랐답니다. 김정호는 어른이 되면 꼭 제대로 된 지도를 만들겠다고 결심하였어요.

어른이 된 김정호는 천하(天下)를 돌아다니며 자료를 모으고, 지도를 그렸답니다. 그리고 30년이 넘는 세월을 전국 각지를 걸어 다니며 지도를 그린 끝에 드디어 '대동여지도'를 완성했습니다. 어떤가요? 대동여지도를 보니 지금의 지도와 비교해 보아도 전혀 뒤떨어지지 않지요?

1 **이 글의 핵심 내용을 파악하여 빈칸에 알맞은 말을 쓰세요.**

{ 조선의 지리학자 ☐☐☐ }

2 **이 글에 나온 위인에 대한 설명이 아닌 것을 고르세요.**

① 조선의 지리학자이다.
② 가난한 집안에서 태어났다.
③ 어려서는 국토에 관심이 없었다.
④ '대동여지도'를 완성한 사람이다.
⑤ 30년이 넘게 전국을 걸어 다녔다.

생활 속 성어

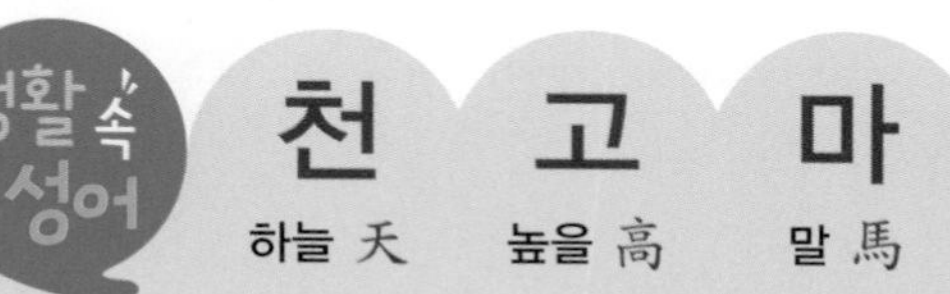

'하늘이 높고 온갖 곡식이 익어 말이 살찐다.'라는 뜻으로, 가을철을 뜻합니다. 옛날 중국에서는 가을에 '흉노족'이 쳐들어와 농민들을 약탈했대요. 이에 사람들이 "하늘은 높고 말이 살찔 때가 두려워."라고 한 데서 '천고마비'가 유래되었답니다.

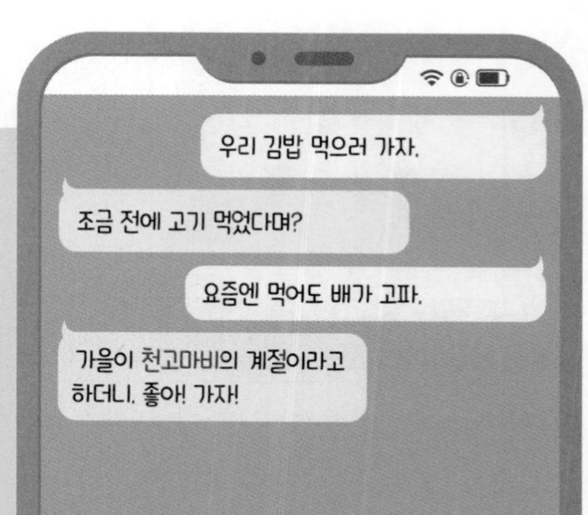

정답과 해설 115쪽

● 쪽지를 읽고 친구 집에 가기 위해 타야 할 버스 번호를 맞혀 보세요.

안녕? 친구야! 우리 집에 올 때 타야 할 버스 번호가 궁금하지?
아래 뜻풀이에 해당하는 어휘를 1~0이 적힌 카드에서 찾아봐.
카드의 숫자를 순서대로 나열하면 버스 번호를 알 수 있을 거야.
10분 뒤에 버스가 도착할 예정이야.
시간이 얼마 남지 않았으니 서둘러! 그럼 이따가 우리 집에서 보자~^^

첫 번째 번호	한 나라의 통치권이 미치는 지역.
두 번째 번호	돈을 모아 둠. 또는 그 돈.
세 번째 번호	하늘 아래 온 세상.
네 번째 번호	뛰어나고 훌륭한 사람.

1	2	3	4	5
지진(地震)	국토(國土)	인형(人形)	지구(地球)	농토(農土)

6	7	8	9	0
인물(人物)	저금(貯金)	상금(賞金)	천하(天下)	위인(偉人)

《 공부한 날짜 월 일 》

아버지 부(父)

손에 도끼를 들고 가족을 위해 사냥하는 아버지의 모습을 그린 글자로, '아버지'를 뜻하고 '부'라고 읽습니다.

◎ 오늘 배울 한자를 색칠해 보세요.

영상으로 필순 보기

丿 八 ⺍ 父

'아버지 부(父)'가 들어간 어휘

정답과 해설 116쪽

○ [1~4] 예문을 보고, 어휘의 뜻으로 알맞은 말을 골라 ✓표를 하세요.

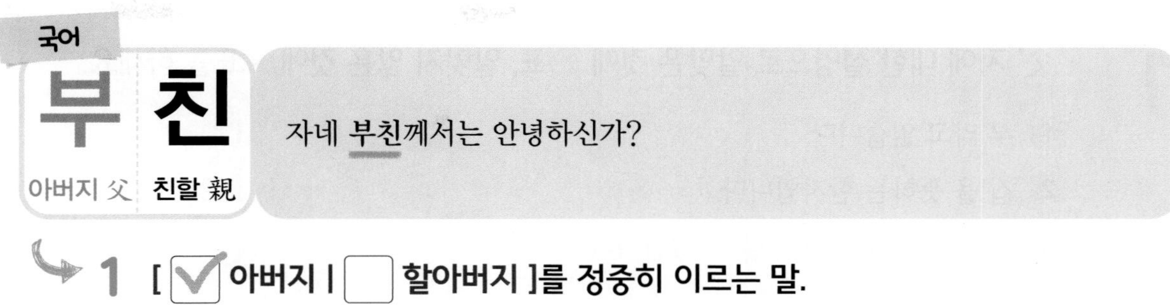

1 [✓ 아버지 | ☐ 할아버지]를 정중히 이르는 말.

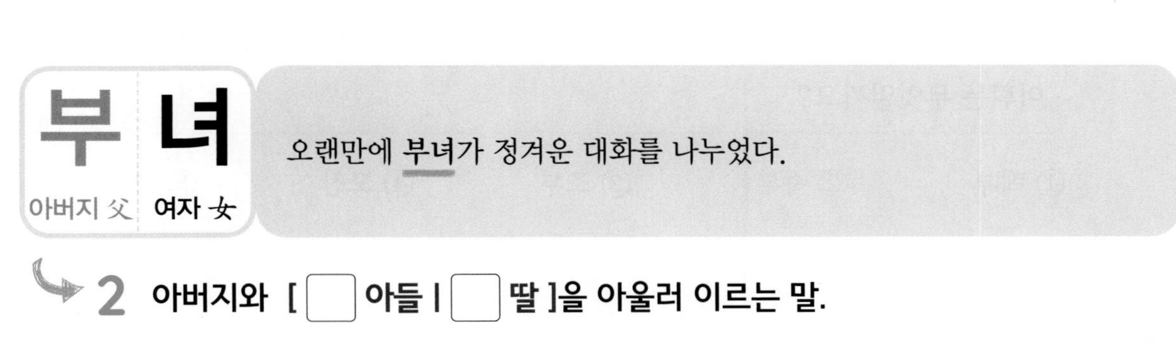

2 아버지와 [☐ 아들 | ☐ 딸]을 아울러 이르는 말.

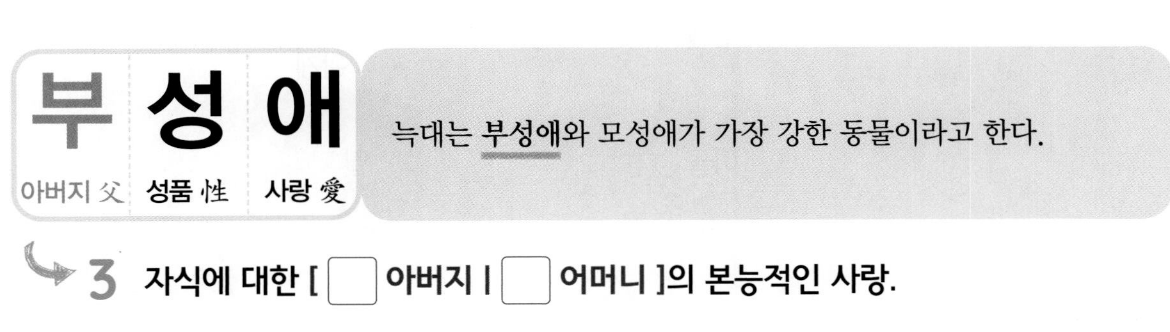

3 자식에 대한 [☐ 아버지 | ☐ 어머니]의 본능적인 사랑.

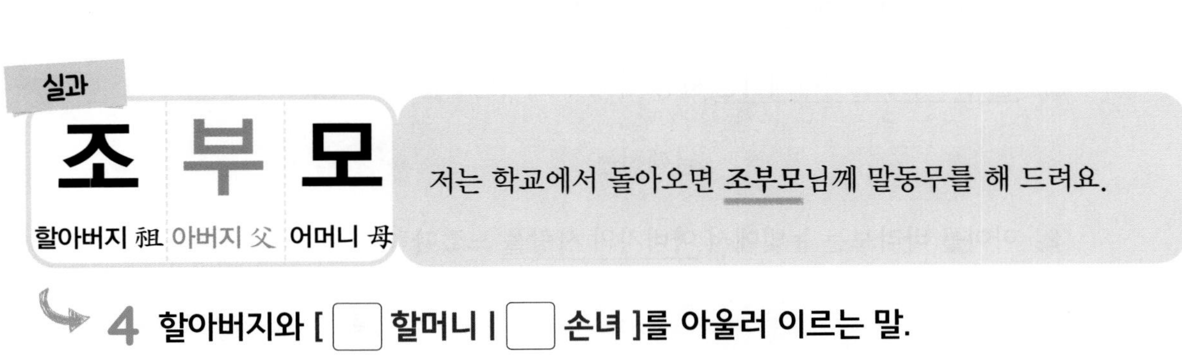

4 할아버지와 [☐ 할머니 | ☐ 손녀]를 아울러 이르는 말.

문제로 어휘 力 높여요

1 **'父' 자에 대한 설명으로 알맞은 것에 ○표, 알맞지 않은 것에 ×표를 하세요.**

1 '부'라고 읽습니다. [ ]

2 '집'을 뜻하는 한자입니다. [ ]

3 총 네 번의 획을 그어 쓸 수 있습니다. [ ]

2 **질문에 알맞은 어휘를 고르세요.**

나의 아버지 또는 상대방의 아버지를 높이거나, 정중하게 부를 때 사용할 수 있는 어휘는 무엇일까요?

① 백부 ② 숙부 ③ 조부 ④ 모친 ⑤ 부친

3 **빈칸에 알맞은 어휘를 쓰세요.**

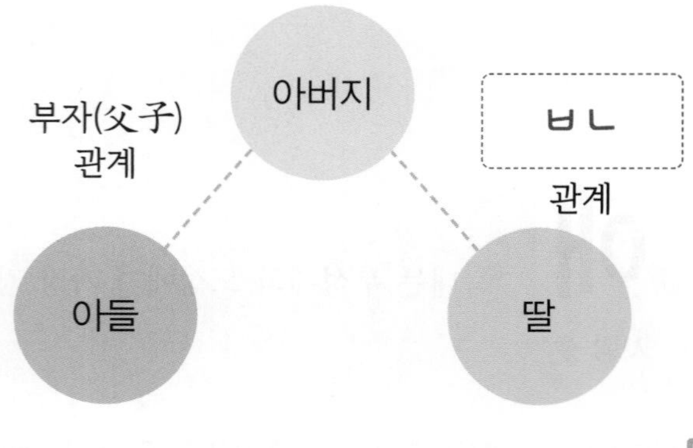

[ ]

4 **밑줄 친 말과 바꾸어 쓸 수 있는 어휘를 쓰세요.**

1 할아버지와 할머니께서는 항상 나에게 예의범절을 가르치셨다.

□□□님께서는

2 아이를 바라보는 눈빛에서 아버지의 사랑을 느꼈다.

글 쓰며 표현力 높여요

정답과 해설 116쪽

‘아버지 부(父)’가 들어가는 어휘를 넣어서 글을 써 보세요.

‘줄도화돔’이라는 물고기는, 아빠 물고기가 새끼 물고기들을 보호하기 위해 입안에서 키운대요. 아빠 물고기는 새끼를 기르는 동안에는 먹이를 제대로 먹지 못해 살이 빠진다고 합니다. 이 이야기를 듣고 느낀 점이나, 떠오르는 가족이 있나요?

도움말 부모, 부친, 부녀, 부성애 등에 ‘아버지 부(父)’가 들어가요.

예 우아, 정말 부성애가 강한 물고기구나. 이 이야기를 들으니, 연세가 많으셔서 힘드실 텐데도 나와 함께 놀이터에서 신나게 놀아 주시는 조부모님이 떠올라.

따라 쓰며 한자力 완성해요

父	父		
아버지 부	아버지 부		

오늘의 학습을 평가해 보아요. 부족함 보통임 잘함

12 어머니 모(母)

엄마가 아기에게 젖을 먹이는 모습을 그린 글자로, '어머니'를 뜻하고 '모'라고 읽습니다.

◎ 오늘 배울 한자를 순서대로 그려 보세요.

'어머니 모(母)'가 들어간 어휘

정답과 해설 117쪽

[1~4] 두 개의 뜻 중에서 어휘의 알맞은 뜻을 찾아 ✓표를 하세요.

여름

이모

이모 姨 어머니 母

1 ☐ 아버지의 누나나 여동생을 이르는 말.
☑ 어머니의 언니나 여동생을 이르는 말.

이모가 결혼하면 나에게 이모부가 생겨요.

모자

어머니 母 아들 子

2 ☐ 자식에 대한 어머니의 사랑.
☐ 어머니와 아들을 아울러 이르는 말.

모자가 볼수록 서로 닮았다.

국어

모음

어머니 母 소리 音

3 ☐ 우리말에서 'ㄱ, ㄴ, ㄷ, ㄹ, ㅁ, ㅂ' 등을 부르는 말.
☐ 우리말에서 'ㅏ, ㅑ, ㅓ, ㅕ, ㅗ, ㅛ' 등을 부르는 말.

교실에서 모음자 찾기 놀이를 해 봅시다.

도덕

부모형제

아버지 父 어머니 母 형 兄 아우 弟

4 ☐ 가까이 사는 이웃을 이르는 말.
☐ 아버지, 어머니, 형, 언니, 동생 등을 아울러 이르는 말.

명절이 되면 멀리 떨어져 사는 부모 형제가 몹시 그립습니다.

문제로 어휘 力 높여요

1 '모자(母子)'의 뜻에 해당하는 사람을 모두 골라 ✓표를 하세요.

2 다음 단어를 설명한 내용에서 빈칸에 공통으로 들어갈 어휘를 쓰세요.

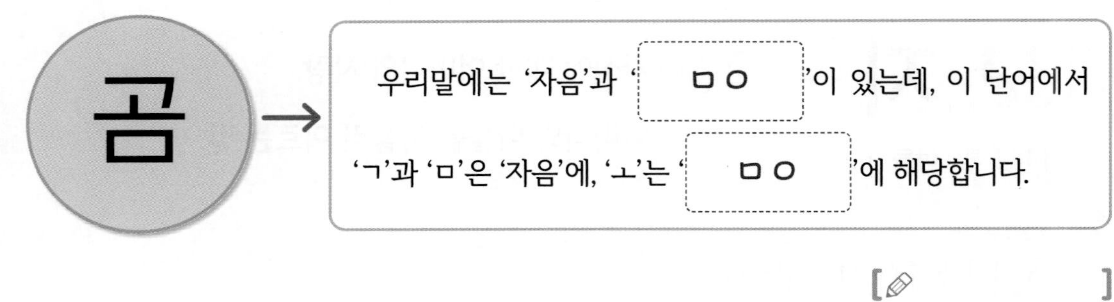

[ ]

3 단어 카드를 조합하여 질문의 답을 쓰세요.

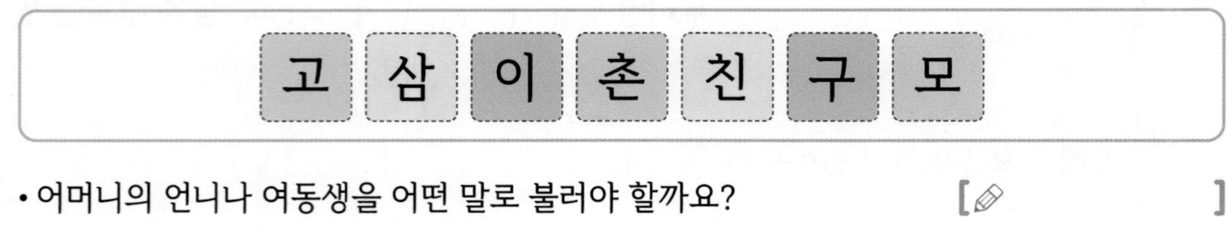

• 어머니의 언니나 여동생을 어떤 말로 불러야 할까요? [ ]

4 빈칸에 '어머니 모(母)'가 들어간 어휘를 쓰세요.

휴일이 되면 ☐☐ ☐☐가 살고 있는 고향에 빨리 가고 싶습니다.

↳ 아버지, 어머니, 형, 언니, 동생 등을 아울러 이르는 말.

글 쓰며 표현力 높여요

정답과 해설 117쪽

‘어머니 모(母)’가 들어가는 어휘를 넣어서 글을 써 보세요.

숲속에서 우연히 혼자 있는 아기 새를 만났는데, 아기 새가 종종거리며 계속 나를 쫓아와요. 혹시 나를 엄마라고 생각하는 걸까요? 이 아기 새가 안심할 수 있도록 이야기해 주세요.

고모, 이모, 모성애, 부모 등에 ‘어머니 모(母)’가 들어가요.

예 아기 새야. 네 부모 형제가 어디 있는지 알지 못하나 보구나. 걱정 마. 네가 혼자 날 수 있을 때까지 내가 부모처럼 아끼고 사랑해 줄게.

따라 쓰며 한자力 완성해요

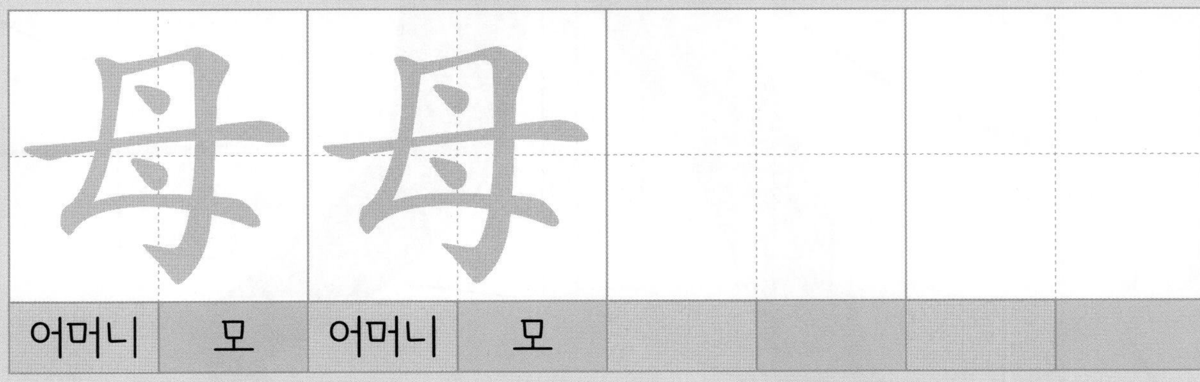

오늘의 학습을 평가해 보아요. 부족함 보통임 잘함

《 공부한 날짜 월 일 》

13 들어갈 입(入)

안팎을 나누는 경계에서 안으로 들어가는 곳을 뾰족하게 그린 글자로, '들어가다'를 뜻하고 '입'이라고 읽습니다.

오늘 배울 한자를 그림 속에서 찾아보세요.

'들어갈 입(入)'이 들어간 어휘

정답과 해설 118쪽

[1~4] 예문을 보고, 어휘의 뜻으로 알맞은 말을 골라 ✓표를 하세요.

수학

입구
들어갈 入 입 口

과학관의 입구에서 식물관까지의 거리는 800m입니다.

1 [☐ 나가는 | ☑ 들어가는] 문이나 길.

사회

구입
살 購 들어갈 入

나는 환경을 생각하며 물건을 구입하고 있다.

2 물건을 [☐ 사들임 | ☐ 팔아넘김].

사회

입양
들어갈 入 기를 養

입양으로 사랑하는 부모님이 생겼어요.

'혈연관계'란 한 조상의 피를 이어받은 부모와 자식, 형제 관계를 말해.

3 혈연관계*가 아닌 사람들이 법적으로 [☐ 친부모와 친자식의 | ☐ 이웃의] 관계를 맺는 것.

국어

출입국
날 出 들어갈 入 나라 國

공항에서는 출입국 심사를 거쳐야 합니다.

4 [☐ 나라 | ☐ 학교] 안팎으로 드나드는 일.

문제로 어휘 力 높여요

1 글자를 쓸 때 '入(입)'과 같이 두 번 만에 쓸 수 있는 한자를 고르세요.

① 日 (날 일)　② 月 (달 월)　③ 火 (불 화)
④ 人 (사람 인)　⑤ 土 (흙 토)

2 빈칸에 알맞은 어휘를 고르세요.

출구(出口) : 밖으로 나가는 문이나 길.	⟷ 반대의 뜻	[　　　] : 안으로 들어가는 문이나 길.

① 출국　② 입국　③ 입구　④ 입학　⑤ 수입

3 빈칸에 '구입'을 쓰기에 어색한 문장의 기호를 쓰세요.

㉠ 운동화를 [　][　]하는 분에게는 사은품을 드립니다.
㉡ 용돈을 모아서 동생이 갖고 싶어 했던 장난감을 [　][　]했어.
㉢ 나는 환경을 살리는 일에 관심이 많아서, 환경 보호 단체에 [　][　]했어.

[　　　　]

4 빈칸에 '들어갈 입(入)'이 들어간 어휘를 쓰세요.

가족은 결혼이나 [　][　] 등으로 맺어질 수 있어요.
↳ 혈연관계가 아닌 사람들이 법적으로 친부모와 친자식의 관계를 맺는 것.

글 쓰며 표현力 높여요

정답과 해설 118쪽

◎ '들어갈 입(入)'이 들어가는 어휘를 넣어서 글을 써 보세요.

"땡그랑 한 푼, 땡그랑 두 푼!"

용돈을 받을 때마다 모았던 저금통이 어느새 묵직해졌어요. 조심조심 저금통을 열어 보았는데, 생각보다 많은 돈이 모였네요! 이 돈을 어디에 쓰면 좋을까요?

구입, 입양, 출입국, 입학 등에 '들어갈 입(入)'이 들어가요.

예 유기 동물 입양 기관에서 봉사 활동을 하고 있어요. 유기 동물들이 잘 먹어서 건강해질 수 있도록 사료를 구입해서 보내 주고 싶어요.

따라 쓰며 한자力 완성해요

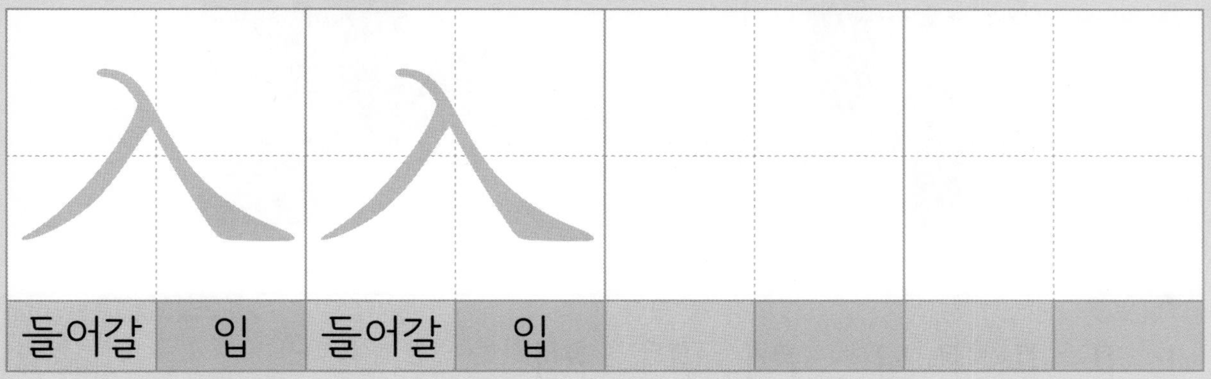

오늘의 학습을 평가해 보아요. 부족함 보통임 잘함

14 문 문(門)

두 개의 문짝을 그린 글자로, '문', '집안'을 뜻하고 '문'이라고 읽습니다.

◎ 오늘 배울 한자를 그림 속에서 찾아보세요.

門

영상으로 필순 보기

丨 𠃍 𠃍 𠃍 𠃍 門 門 門

'문 문(門)'이 들어간 어휘

정답과 해설 119쪽

[1~4] 두 개의 뜻 중에서 어휘의 알맞은 뜻을 찾아 ✓표를 하세요.

국어

대문 (큰 大, 문 門)

1 ☑ 큰 문. 주로, 한 집의 주가 되는 출입문을 뜻함.
☐ 빛이 들어오도록 벽에 만들어 놓은 작은 문.

옛날 사람들은 그림을 대문에 걸어 두기도 했어요.

음악

교문 (학교 校, 문 門)

2 ☐ 집의 문.
☐ 학교의 문.

우리는 찾아가는 음악회를 준비하여, 교문에서 등교하던 학생들을 맞이했다.

수학

정문 (바를 正, 문 門)

3 ☐ 건물의 뒤나 옆으로 난 문.
☐ 건물의 앞쪽에 있는, 사람들이 주로 드나드는 문.

우리 학교 정문에서 약 1㎞ 떨어진 곳에는 어떤 장소가 있나요?

안전한 생활

회전문 (돌 回, 구를 轉, 문 門)

4 ☐ 밀거나 당겨서 여닫게 만든 문.
☐ 축을 세워 빙빙 돌려서 드나들게 만든 문.

회전문을 이용할 때 손, 발, 옷 등이 끼지 않도록 주의합니다.

문제로 어휘 力 높여요

1 **'교문(校門)'을 바르게 활용하지 못한 친구의 이름을 쓰세요.**

사랑: 수업이 끝난 학생들이 교문으로 우르르 쏟아져 나왔다.

시완: 선생님께서는 교문에서 등교하는 학생들을 반겨 주신다.

세현: 짝은 아픈 나를 교문으로 데려가 누워서 쉴 수 있게 해 주었다.

[ ]

2 **단서 1~3이 공통으로 가리키는 곳에 ✓표를 하세요.**

단서 1	단서 2	단서 3
건물의 앞쪽에 있음.	사람들이 드나듦.	'앞문'과 비슷한 뜻임.

☐ 옥상 ☐ 정문 ☐ 후문 ☐ 계단

3 **빈칸에 알맞은 놀이의 이름을 쓰세요.**

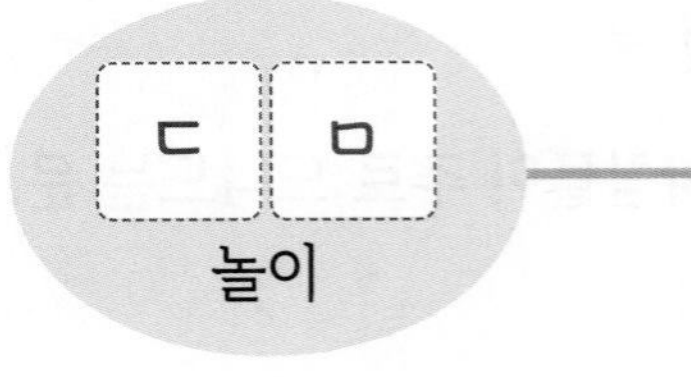

"문지기 문지기 문 열어라."와 같은 노래를 부르며 두 사람이 양손을 잡아 올려 크게 문을 만들고 그 문 밑으로 다른 사람들이 빠져나가는 우리 전통 놀이.

[ ]

4 **빈칸에 공통으로 들어갈 어휘를 쓰세요.**

진수: 저는 다른 문으로 들어갈래요. ☐☐☐은 끼일 것 같아 싫어요.

아빠: 음, ☐☐☐이 도는 박자에 맞춰 천천히 통과해 보면 어떨까?

[ ]

글 쓰며 표현力 높여요

정답과 해설 119쪽

◎ '문 문(門)'이 들어가는 어휘를 넣어서 글을 써 보세요.

'알리바바와 40인의 도둑' 이야기에서 "열려라, 참깨!"라고 주문을 외우면, 금은보화가 가득 들어 있는 동굴의 문이 열렸다고 하죠. 동화 속 주인공은 이 문이 열릴 때 얼마나 행복했을까요? 이처럼 나를 행복하게 만드는 '문'이 무엇인지 써 보세요.

도움말 정문, 창문, 방문, 현관문 등에 '문 문(門)'이 들어가요.

예 난 아침에 일어나서 내 방 창문을 열 때 기분이 정말 좋아요. 상쾌한 아침 공기가 방 안으로 밀려 들어올 때는 내 마음속 창문도 함께 열린 기분이에요.

따라 쓰며 한자力 완성해요

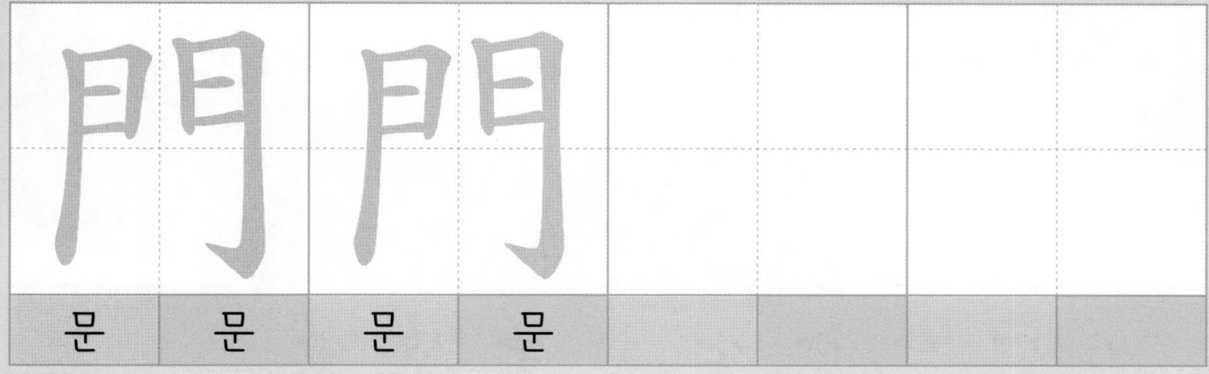

오늘의 학습을 평가해 보아요. 부족함 보통임 잘함

집 가(家)

지붕[宀] 아래 돼지[豕]를 그려 넣어 가축을 키우는 집을 표현한 글자입니다. '집'을 뜻하고 '가'라고 읽습니다.

◎ 오늘 배울 한자를 색칠해 보세요.

영상으로 필순 보기

丶 丷 宀 宀 宁 宇 家 家 家 家

'집 가(家)'가 들어간 어휘

정답과 해설 120쪽

◎ [1~4] 예문을 보고, 어휘의 뜻으로 알맞은 말을 골라 ✓표를 하세요.

도덕

가정
집 家 뜰 庭

가족회의는 행복한 가정을 만드는 데 아주 중요합니다.

1 ① 한 가족이 함께 생활하는 [✓ 집 | ☐ 학교].
② 가족으로 구성되어 있는 사람들의 생활 공동체*.

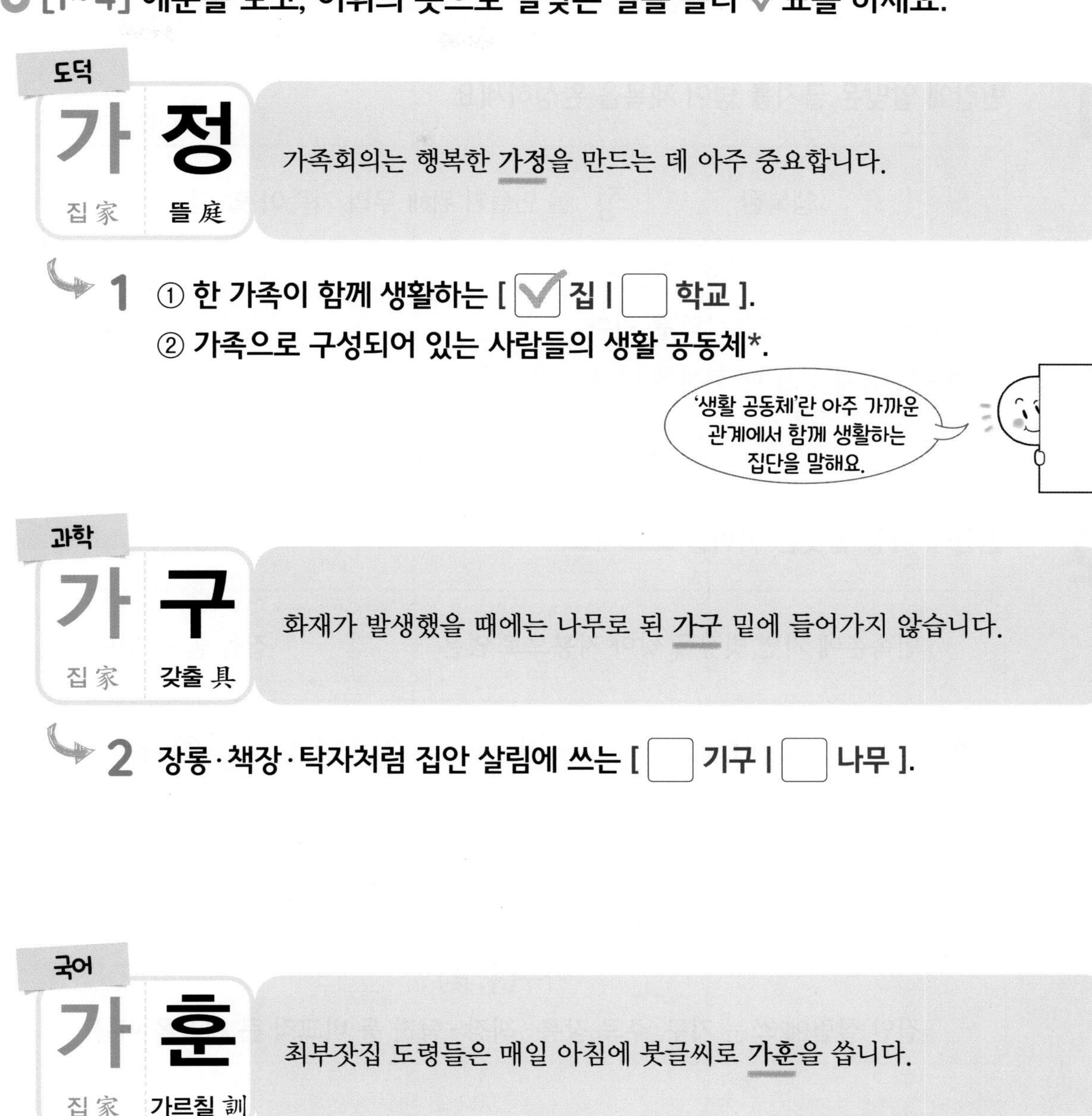

과학

가구
집 家 갖출 具

화재가 발생했을 때에는 나무로 된 가구 밑에 들어가지 않습니다.

2 장롱·책장·탁자처럼 집안 살림에 쓰는 [☐ 기구 | ☐ 나무].

국어

가훈
집 家 가르칠 訓

최부잣집 도령들은 매일 아침에 붓글씨로 가훈을 씁니다.

3 한 집안의 조상이나 어른이 자손들에게 일러 주는[☐ 경고 | ☐ 가르침].

사회

초가
풀 草 집 家

제주도의 초가집은 지붕을 줄로 엮어 강한 바람에 대비하였습니다.

4 [☐ 볏짚이나 갈대 | ☐ 벽돌이나 기와]로 지붕을 덮은 집.

1 **빈칸에 알맞은 글자를 넣어 제목을 완성하세요.**

행복한 [ ] 정 을 만들기 위해 우리 가족이 할 일

- 집안일은 모두가 나누어 맡는다.
- 일주일에 한 번 '가족회의'를 연다.
- 가족이 집에 왔을 때 현관에 나와서 인사한다.

2 **빈칸에 가장 알맞은 어휘를 고르세요.**

민속촌에 가면 볏짚을 쌓아 지붕으로 얹은 [ ][ ] 집을 볼 수 있다.

① 벽돌 ② 이층 ③ 초가 ④ 기와 ⑤ 나무

3 **어휘의 뜻으로 보아, '가구(家具)'가 아닌 것에 ✓표를 하세요.**

가구(家具)
집안 살림에 쓰는 기구. 주로 장롱 · 책장 · 탁자 등 비교적 큰 제품을 이름.

☐ 침대 ☐ 의자 ☐ 옷장 ☐ 동화책

4 **'집 가(家)'를 넣어, 빈칸에 공통으로 들어갈 어휘를 쓰세요.**

우리 집 [ ][ ] 은 "남을 도우며 살자."입니다. 저는 이 [ ][ ] 을 아버지에게 배웠고, 아버지는 할아버지께 배웠다고 합니다.

[✎]

글 쓰며 표현力 높여요

정답과 해설 120쪽

'집 가(家)'가 들어가는 어휘를 넣어서 글을 써 보세요.

세상에는 다양한 집이 있어요. 높은 아파트뿐만 아니라 마당이 있는 집, 다락방이 있는 집, 심지어 물 위에 떠 있는 집, 얼음으로 지은 집도 있죠. 여러분이 살고 싶은 곳은 어떤 집인지 이야기해 보세요.

도움말 가훈, 초가, 가족, 농가 등에 '집 가(家)'가 들어가요.

예 우리 집 가훈은 "더불어 살자."야. 그래서인지 난 이웃과 함께할 마당이나 다락방이 있는 집에서 살고 싶어. 가까운 이웃과 함께 마당에서 식사도 하고 다락방에서 놀면서 가족처럼 지내고 싶거든.

따라 쓰며 한자力 완성해요

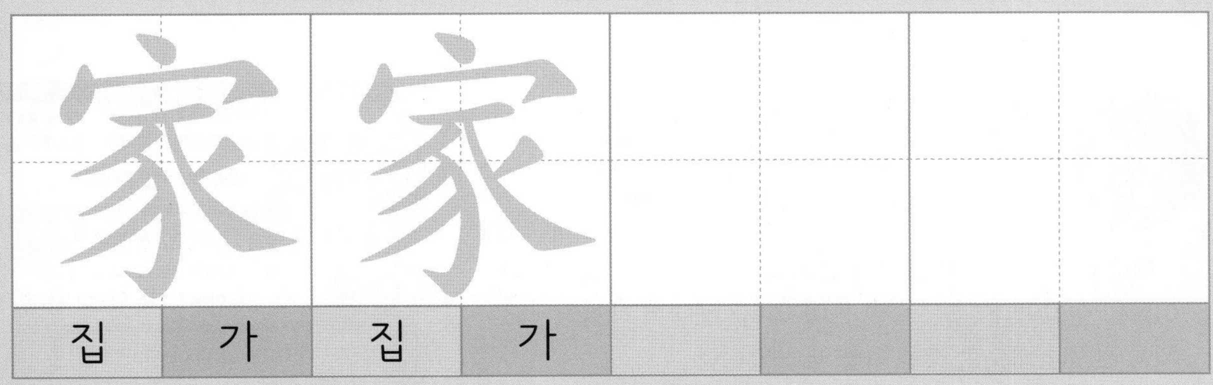

오늘의 학습을 평가해 보아요. 부족함 보통임 잘함

11~15 독해로 마무리해요

정답과 해설 121쪽

1~2 다음 글을 읽고, 물음에 답하세요.

언니와 나를 데리러 교문(校門)까지 나오신 아빠를 보니 괜히 심술이 났습니다. 아빠와 언니는 붕어빵처럼 꼭 빼닮은 부녀(父女)입니다. 그런데 전 아빠와 닮은 구석이 눈 씻고 찾아봐도 없어요. 엄마나 조부모(祖父母)님을 닮았냐고요? 그것도 아닙니다. 부모 형제(父母兄弟) 중에 저만 다르니, 외계인이 저를 우리 가정(家庭)에 잘못 떨어뜨리고 간 것이 아닐까 의심할 정도였다니까요? 너무 속상해서 이불 속에 있었는데, 엄마가 저에게 와서 속삭였어요.

"정이야. 이건 비밀인데……. 엄마랑, 이모(姨母)랑, 할머니는 모두 배꼽이 '참외' 모양이거든. 너도 혹시 그럴지 몰라."

배를 살짝 들추어 보니, 우아. 내 배꼽도 '참외' 모양이 아니겠어요? 히히. 이제야 안심이 된 나는 낮잠을 편히 잘 수 있었답니다.

1 빈칸에 알맞은 어휘를 윗글에서 찾아 넣어 제목을 완성하세요.

{ '☐☐' 배꼽. }

2 '나'가 속상했던 까닭을 고르세요.

① 아빠가 언니만 데리러 오셔서
② 엄마가 내게 비밀을 만들어서
③ 가족 중에 나만 다르게 생겨서
④ 언니가 나만 빼고 붕어빵을 먹어서
⑤ 낮잠을 자려는데 엄마가 말을 걸어서

대대로 아버지가 아들에게 전한다는 뜻을 지닌 말입니다. 아들의 성격이나 행동, 습관 등이 아버지로부터 대물림된 것처럼 같거나 비슷한 것을 이를 때 쓰입니다.

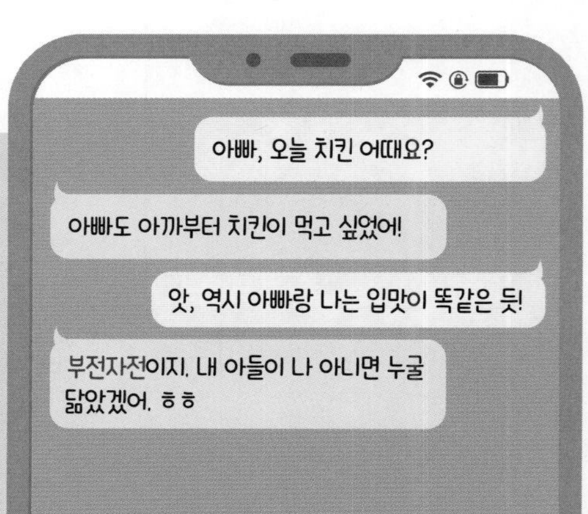

정답과 해설 121쪽

● 뜻풀이에 해당하는 어휘 칸을 색칠하여, 원주민 마을에 들어갈 수 있는 암호를 맞혀 보세요.

암호

	ㅏ	ㅂ

단어 뜻풀이

① 학교의 문.
② 물건을 사들임.
③ 들어가는 문이나 길.
④ 어머니의 언니나 여동생을 이르는 말.
⑤ 축을 세워 빙빙 돌려서 드나들게 만든 문.
⑥ 할아버지와 할머니를 아울러 이르는 말.
⑦ 우리말에서 'ㅏ, ㅑ, ㅓ, ㅕ, ㅗ, ㅛ' 등을 부르는 말.
⑧ 장롱·책장·탁자처럼 집안 살림에 쓰는 기구.

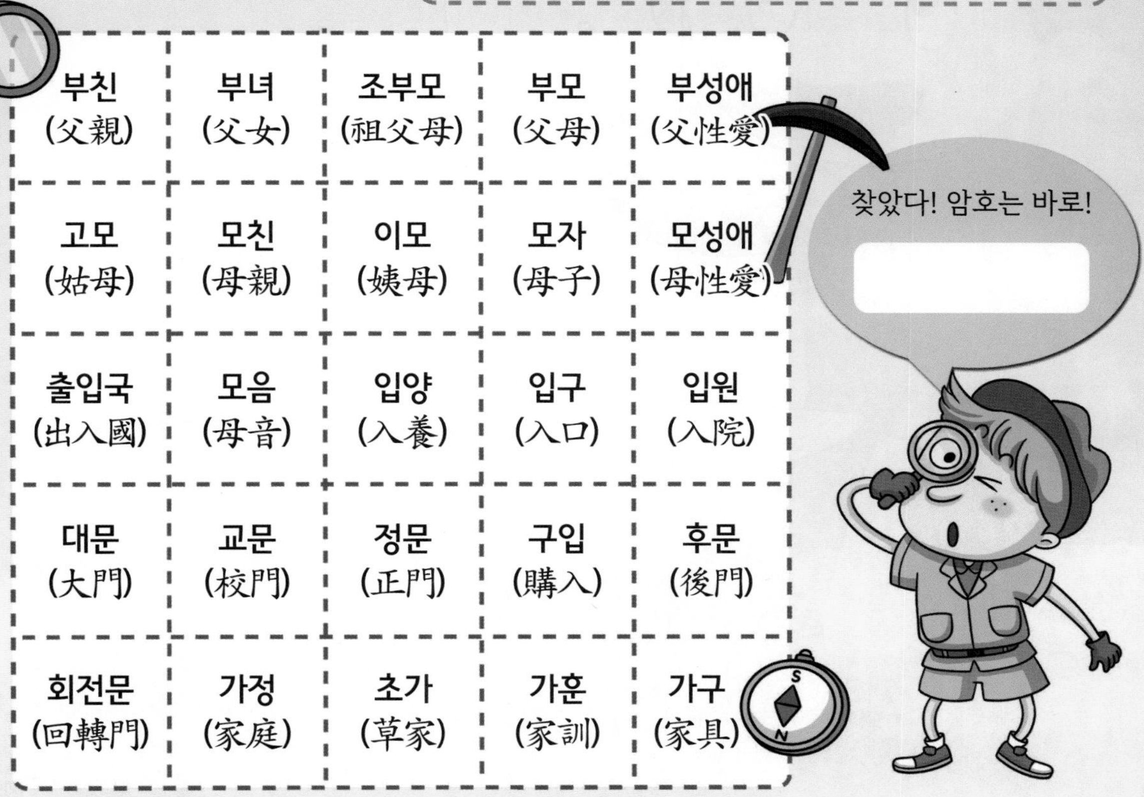

부친(父親)	부녀(父女)	조부모(祖父母)	부모(父母)	부성애(父性愛)
고모(姑母)	모친(母親)	이모(姨母)	모자(母子)	모성애(母性愛)
출입국(出入國)	모음(母音)	입양(入養)	입구(入口)	입원(入院)
대문(大門)	교문(校門)	정문(正門)	구입(購入)	후문(後門)
회전문(回轉門)	가정(家庭)	초가(草家)	가훈(家訓)	가구(家具)

《 공부한 날짜 월 일 》

16 위 상(上)

바닥의 기준선 위에 긴 세로 선과 짧은 가로 선을 그어 만든 글자로, '위'를 뜻하고 '상'이라고 읽습니다.

◎ 오늘 배울 한자를 색칠해 보세요.

上

丨 ⺊ 上

영상으로 필순 보기

'위 상(上)'이 들어간 어휘

정답과 해설 122쪽

[1~4] 예문을 보고, 어휘의 뜻으로 알맞은 말을 골라 ✓표를 하세요.

국어

정상
정수리 頂 위 上

에베레스트산 정상에 올랐을 때처럼, 나라를 빛내는 순간에는 언제나 국기가 함께합니다.

1 ① 산의 맨 [☐ 아래 | ☑ 꼭대기].
② 그 이상 더 없는 최고의 상태.

국어

옥상
집 屋 위 上

일하는 틈틈이 빵 가게 옥상에 멋진 꽃밭을 가꾸었습니다.

2 지붕의 [☐ 위 | ☐ 아래].

'어버이'란 아버지와 어머니를 아울러 이르는 말이에요.

겨울

조상
할아버지 祖 위 上

조상의 지혜가 담긴 우리의 전통 집을 알아봅시다.

3 ① 돌아가신 어버이* 위로 대대의 [☐ 어른 | ☐ 아이]들.
② 지금 사람들보다 먼저 살던 사람들.

체육

상체
위 上 몸 體

상체를 곧게 펴고 입을 살짝 벌려 숨을 가볍게 쉬어야 합니다.

4 몸의 [☐ 아랫 | ☐ 윗]부분.

문제로 어휘 力 높여요

1 **빈칸에 공통으로 들어갈 어휘에 ✓표를 하세요.**

• 산 [ ]에 오르자 귀가 먹먹해졌습니다.

• 언젠가 백두산에 올라가 [ ]에 있는 호수를 보는 것이 제 소원입니다.

☐ 세상　☐ 지하　☐ 지상　☐ 정상

2 **설명에 알맞은 어휘를 괄호 안에서 골라 ○표를 하세요.**

돌아가신 어버이 위로 대대의 어른들. ……………… (조상 | 후손)

3 **빈칸에 '상(上)' 자가 들어가는 어휘를 쓰세요.**

우리 집 지붕 위에 있는 [ ][ ]에 가면 하늘이 잘 보여서 좋다.

4 **빈칸에 알맞은 글자를 고르세요.**

하체 : 몸의 아랫부분. ⟷ (반대의 뜻) [ ]체 : 몸의 윗부분.

① 좌 (左, 왼쪽 좌)　② 우 (右, 오른쪽 우)　③ 상 (上, 위 상)

④ 외 (外, 바깥 외)　⑤ 신 (身, 몸 신)

글 쓰며 표현力 높여요

정답과 해설 122쪽

‘위 상(上)’이 들어가는 어휘를 넣어서 글을 써 보세요.

여행을 좋아하던 나는 어른이 되어 여행 전문 채널의 기자가 되었어요! 요즘 가장 인기 있는 여행지는 어디일까요? 먼 곳도 좋고, 가까운 곳도 좋아요. 우리 채널을 보는 시청자들에게 여행지와 관련한 좋은 정보를 소개해 주세요.

정상, 옥상, 상체, 세상, 천상 등에 ‘위 상(上)’이 들어가요.

예 안녕하세요? 이지우 기자입니다. 요즘은 한라산의 정상에 올라가는 것이 인기입니다. 높은 곳에 서서 상체를 쭉 펴고 세상을 한눈에 담으면 마음이 후련해진다고 합니다.

따라 쓰며 한자力 완성해요

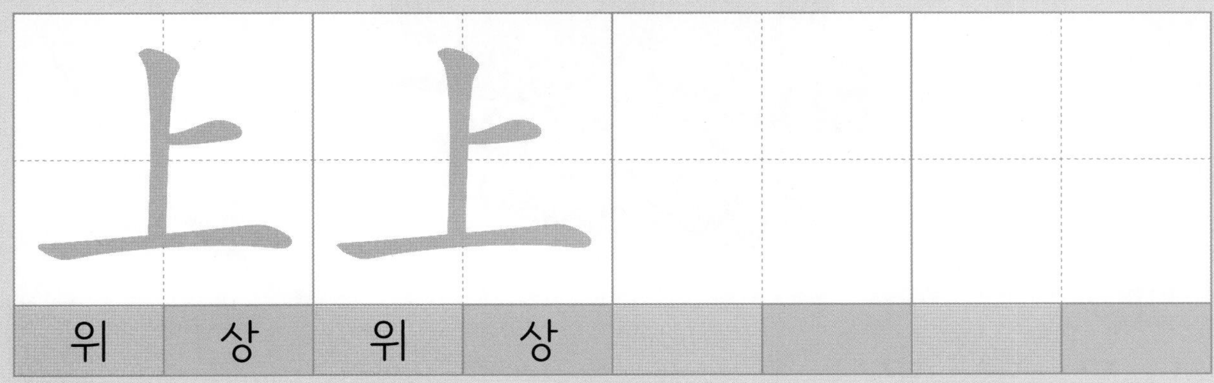

오늘의 학습을 평가해 보아요. 부족함 보통임 잘함

가운데 중(中)

어떤 것을 하나의 선으로 꿰뚫은 모양을 그린 글자로, '가운데'를 뜻하고 '중'이라고 읽습니다.

번호 순서대로 점을 이어 오늘 배울 한자를 확인해 보세요.

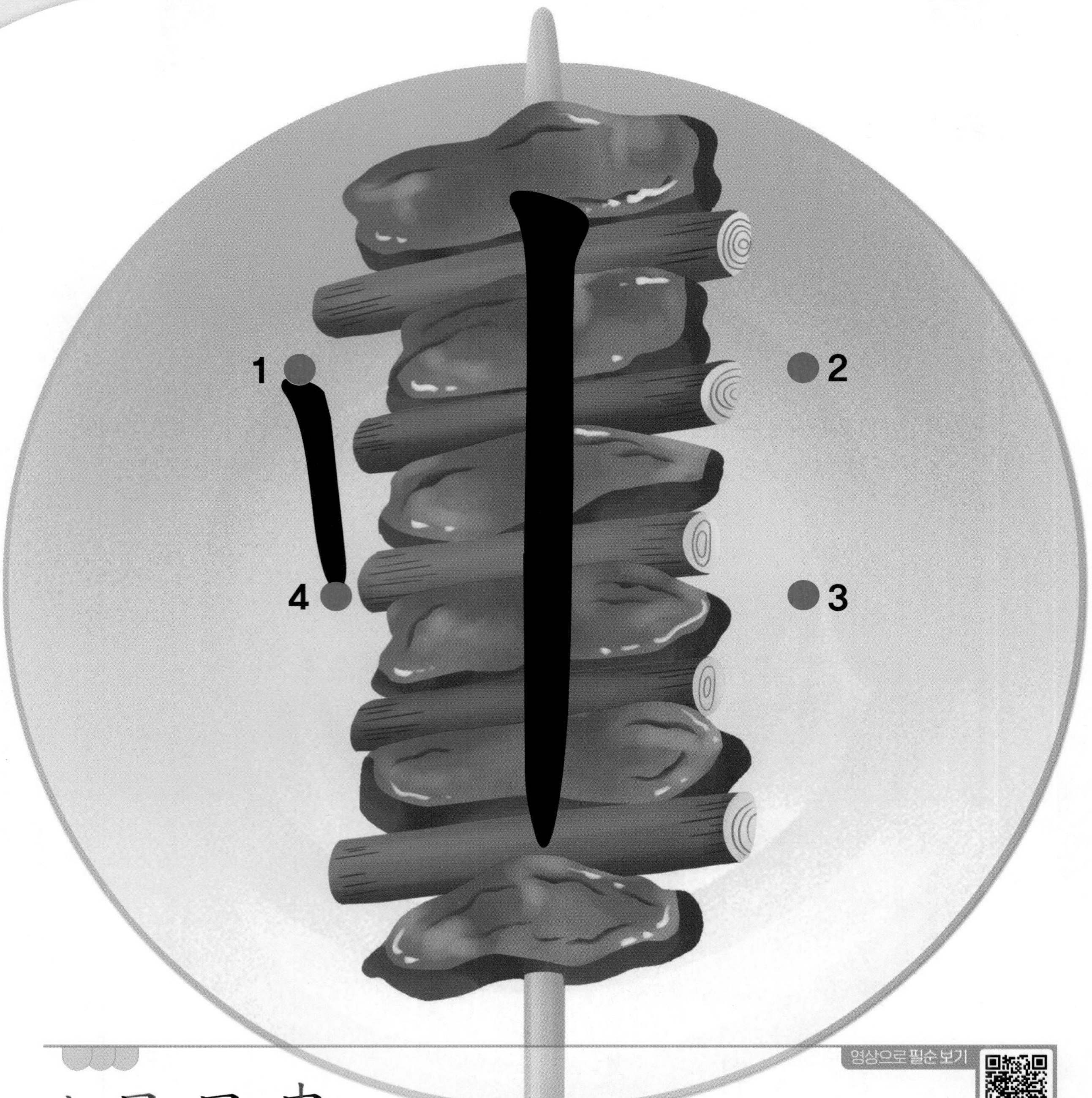

1 2

4 3

영상으로 필순 보기

丨 冂 口 中

'가운데 중(中)'이 들어간 어휘

정답과 해설 123쪽

[1~4] 두 개의 뜻 중에서 어휘의 알맞은 뜻을 찾아 ✓표를 하세요.

국어

중심
가운데 中 마음 心

1 ☐ 되풀이되거나 겹치는 부분.
☑ ① 한가운데. ② 가장 중요하고 기본이 되는 부분.

전체 내용을 가장 잘 나타낸 문장을 중심 문장이라고 해요.

체육

중간
가운데 中 사이 間

2 ☐ 어떤 일이 끝난 때.
☐ ① 두 물건의 사이. ② 어떤 일이 아직 끝나지 않은 때.

물놀이 중간에 물 밖에서 잠시 쉬어요.

국어

집중
모을 集 가운데 中

3 ☐ 여러 가지 일을 동시에 함.
☐ 한 가지 일에 모든 힘을 쏟아부음.

교실이 지저분하면 공부하는 데 집중이 잘 안 돼요.

식중독은 주로 상한 음식을 먹었을 때 걸리지만 독버섯처럼 독이 든 생물을 먹거나 농약이 많이 뿌려진 채소를 먹어도 걸릴 수 있어요.

체육

식중독
먹을 食 가운데 中 독 毒

4 ☐ 음식물 가운데 들어 있는 유독 물질을 먹고 생기는 소화 기관 병.
☐ 영양소가 부족하여 생긴 병.

바깥에 있는 식물을 함부로 먹으면 식중독에 걸릴 수 있어요.

문제로 어휘 力 높여요

1 밑줄 친 말에 해당하는 한자(漢字)를 고르세요.

우리 반 친구들 가운데 제 키가 가장 큽니다.

① 木 ② 中 ③ 地 ④ 門 ⑤ 家

2 글의 내용에 알맞은 어휘를 괄호 안에서 골라 ○표를 하세요.

학교에서 수업을 듣는 (중심 | 중간)에 화장실이 가고 싶다면 손을 들고 선생님께 말씀드려야 해요.

3 '중(中)' 자를 넣어, 빈칸에 공통으로 들어갈 어휘를 쓰세요.

나연: 한자 숙제 다 했어? 나는 오늘 ㅈ ㅈ 이 너무 잘돼서 금방 끝냈어.

은하: 부럽다. 나는 졸려서 그런지 ㅈ ㅈ 이 잘 안 돼. 그래서 아직 못 끝냈어.

[✎]

4 다음 증상과 가장 가까운 뜻을 지닌 어휘에 ✔표를 하세요.

어제 오후에 불량 식품을 먹은 뒤에 저녁부터 배가 부글거리며 아팠습니다. 저녁 식사를 거르고 누워서 쉬는데도 속이 울렁거려 여러 번 토했습니다.

☐ 변비 ☐ 화상 ☐ 식중독

글 쓰며 표현力 높여요

정답과 해설 123쪽

◎ '가운데 중(中)'이 들어가는 어휘를 넣어서 글을 써 보세요.

우리 반 친구들이 다 같이 학교 발표회에 나가게 되었어요. 전교 학생들에게 어떤 공연을 보여 주면 좋을까요? 떠오르는 아이디어를 우리 반 친구들에게 이야기해 보세요.

도움말 중심, 중간, 집중, 중학생 등에 '가운데 중(中)'이 들어가요.

예 다 함께 합창을 하는 건 어떨까? 노래를 가장 잘하는 친구를 중심으로 노래하다가, 중간부터는 춤도 같이 추자. 이렇게 하면 우리 반 모두가 참여할 수 있고, 관객들도 쉽게 집중할 수 있을 거야.

따라 쓰며 한자力 완성해요

오늘의 학습을 평가해 보아요. 부족함 보통임 잘함

《 공부한 날짜 월 일 》

18

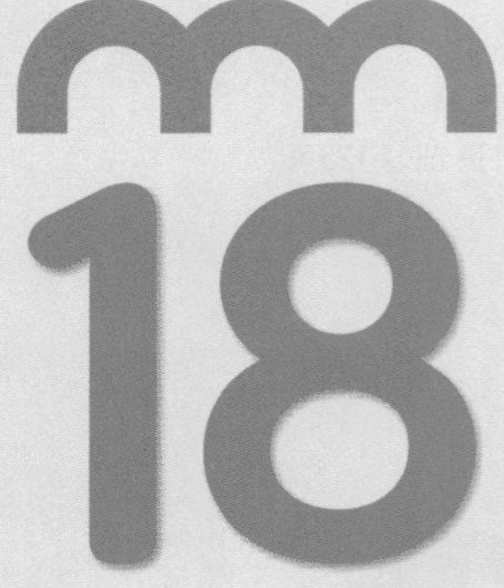

아래 하(下)

바닥의 기준선 아래에 긴 세로 선과 짧은 가로 선을 그어 만든 글자로, '아래'를 뜻하고 '하'라고 읽습니다.

◎ 오늘 배울 한자를 그림 속에서 찾아보세요.

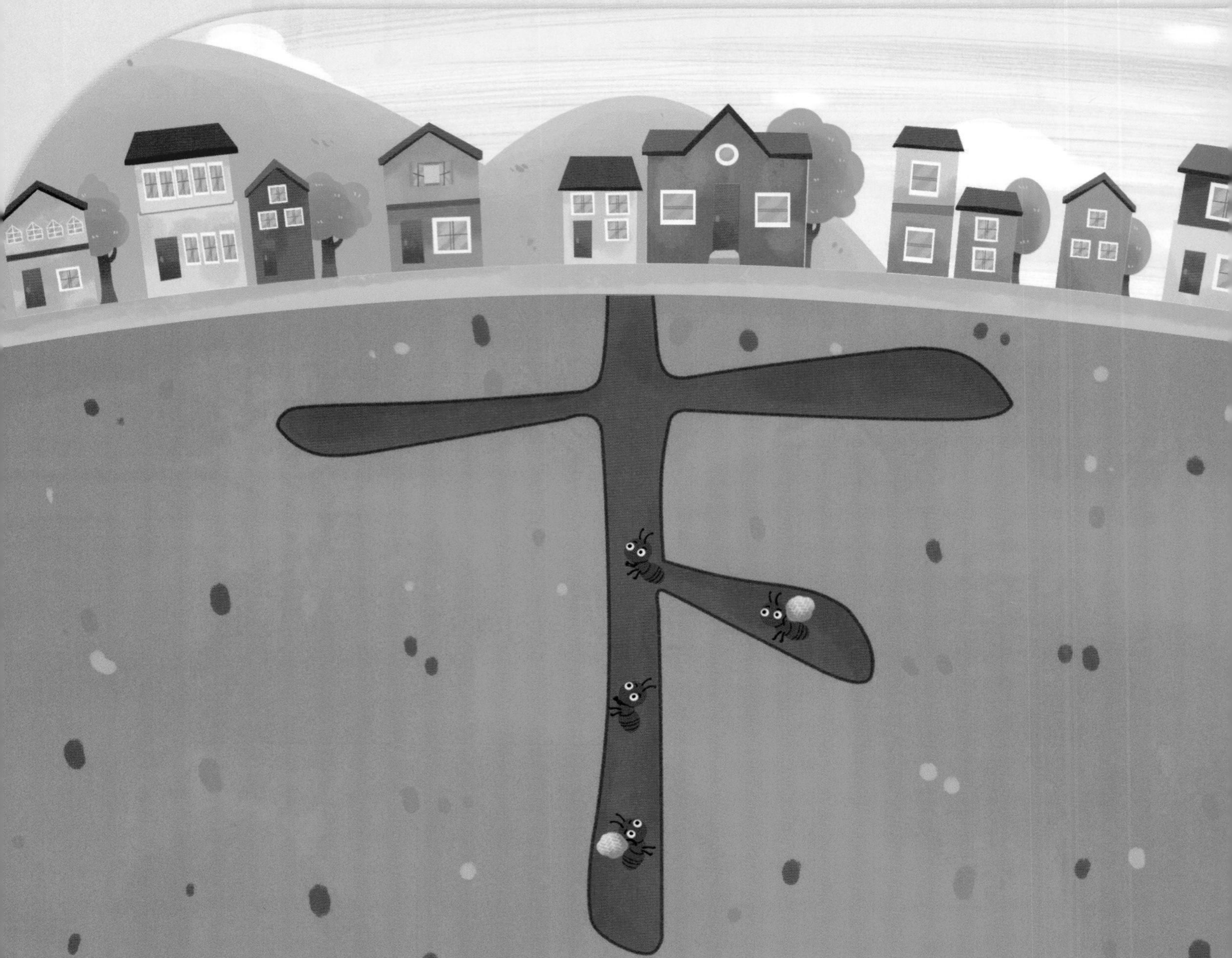

一 丅 下

영상으로 필순 보기

'아래 하(下)'가 들어간 어휘

정답과 해설 124쪽

[1~4] 두 개의 뜻 중에서 어휘의 알맞은 뜻을 찾아 ✓표를 하세요.

미술

지하
땅 地 | 아래 下

1 ☐ 땅의 위.
☑ 땅속. 땅의 아래쪽.

빗물을 모아서 지하에 저장할 수 있습니다.

국어

신하
신하 臣 | 아래 下

2 ☐ 임금을 섬기어 벼슬하는 사람.
☐ 나라를 다스리는 가장 높은 사람.

용왕은 신하 별주부에게 토끼를 데려오라고 했습니다.

체육

낙하산
떨어질 落 | 아래 下 | 우산 傘

3 ☐ 사람이나 물건을 땅에서 하늘로 떠오르게 해 주는 기구.
☐ 하늘에서 우산 모양으로 펼쳐져 사람이나 물건을 땅에 안전하게 내리도록 해 주는 기구.

하늘에서 떨어지다가 낙하산을 펴면, 떨어지는 속도가 느려집니다.

사회

하수도
아래 下 | 물 水 | 길 道

4 ☐ 쓰지 않은 깨끗한 물이 흘러가도록 만든 시설.
☐ 쓰고 버리는 더러운 물이 흘러가도록 만든 시설.

공공 기관은 도로, 공원, 하수도 등을 만드는 일을 합니다.

문제로 어휘 力 높여요

1 **다음 한자와 뜻이 반대인 한자를 고르세요.**

上

① 地 (땅 지) ② 世 (인간 세) ③ 不 (아닐 불)
④ 下 (아래 하) ⑤ 土 (흙 토)

2 **밑줄 친 '나'가 누구인지 찾아 ✓표를 하세요.**

나는 임금을 섬기어 벼슬하는 사람이에요. 주로 임금님의 일을 돕거나, 나라와 관련된 일을 합니다.

☐ 농부 ☐ 신하 ☐ 학생 ☐ 상인

3 **글의 내용에 알맞은 글자를 괄호 안에서 골라 ○표를 하세요.**

희진 : 우리가 쓰고 버리는 더러운 물은 어디로 흘러가는 걸까?
수영: 선생님께서 더러운 물은 (상 | 하)수도로 흘러간다고 하셨어.

4 **글의 내용에 들어갈 어휘를 보기에서 골라 쓰세요.**

보기
지하(땅 地, 아래 下) 낙하산(떨어질 落, 아래 下, 우산 傘)

1 내가 사는 아파트의 주차장은 [ ]에 있다.

2 그 사람은 [ ]을 타고 하늘에서 멋지게 내려왔다.

글 쓰며 표현力 높여요

정답과 해설 124쪽

‘아래 하(下)’가 들어가는 어휘를 넣어서 글을 써 보세요.

내가 만약 영화감독이 된다면 어떤 영화를 찍고 싶나요?
상상력을 마음껏 발휘하여 내가 찍고 싶은 영화의 줄거리를 친구들에게 설명해 보세요.

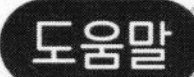 도움말 신하, 하수도, 영하, 하교 등에 ‘아래 하(下)’가 들어가요.

예 내가 만들고 싶은 영화 내용은 이래. 영하의 날씨에 학생들이 하교하고 있는데, 갑자기 하늘에서 낙하산을 탄 사람들이 내려오면서 사건이 시작되는 거야. 어때?

따라 쓰며 한자力 완성해요

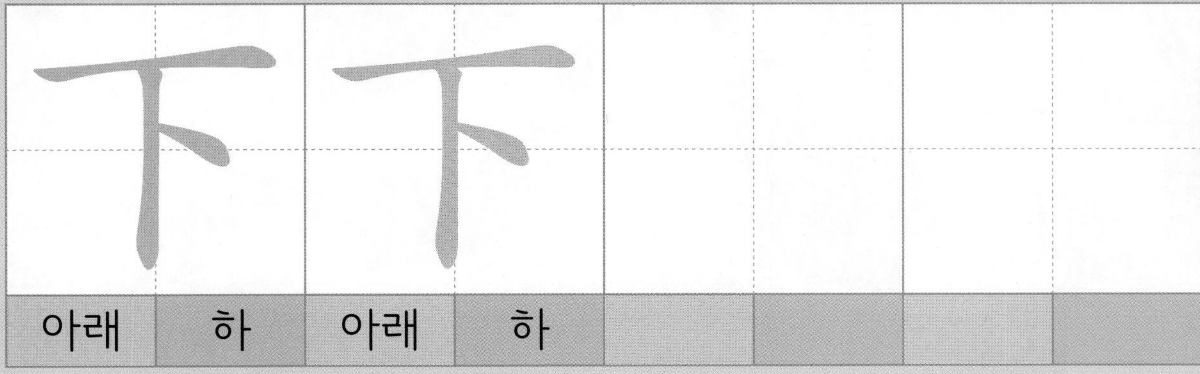

오늘의 학습을 평가해 보아요. 부족함 보통임 잘함

큰 대(大)

양팔을 벌리고 서 있는 사람의 모양을 본떠 만든 글자로, '크다', '훌륭하다'를 뜻하고 '대'라고 읽습니다.

◎ 오늘 배울 한자를 색칠해 보세요.

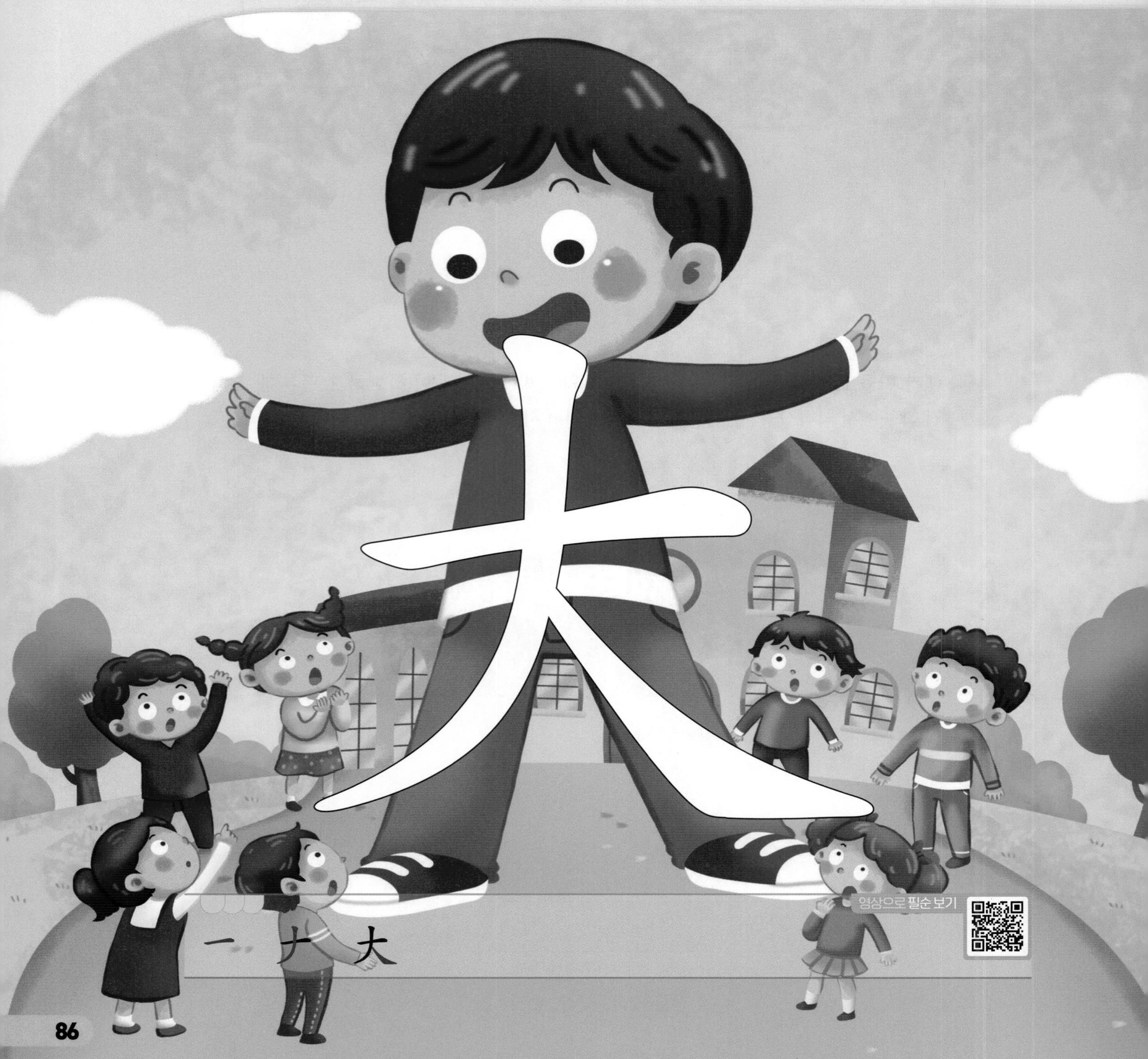

大

一 ナ 大

영상으로 필순 보기

'큰 대(大)'가 들어간 어휘

정답과 해설 125쪽

[1~4] 예문을 보고, 어휘의 뜻으로 알맞은 말을 골라 ✔표를 하세요.

국어

대왕

큰 大 임금 王

세종 대왕이 한글을 만든 까닭과 과정을 정리해 봅시다.

1 [☑ 훌륭하고 | ☐ 나쁘고] 뛰어난 임금을 높여 이르는 말.

체육

대회

큰 大 모일 會

가장 멀리 뛴 사람이 멀리뛰기 대회에서 이깁니다.

2 기술이나 재주를 겨루는 [☐ 작은 | ☐ 큰] 모임.

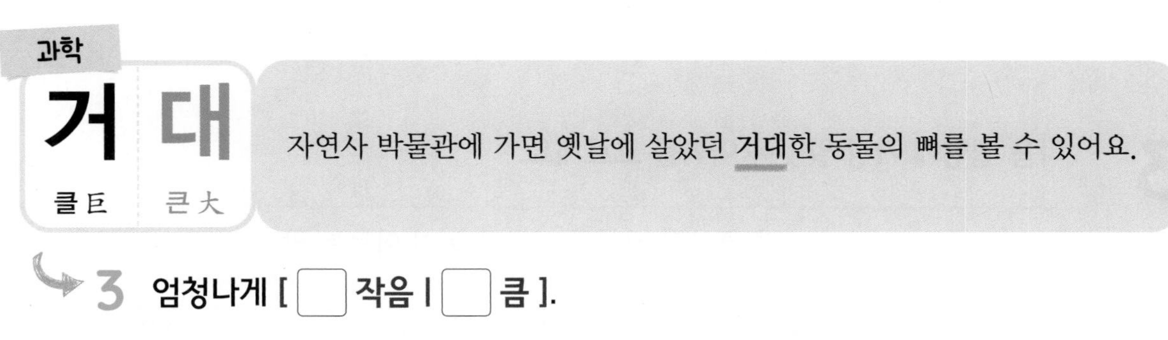

과학

거대

클 巨 큰 大

자연사 박물관에 가면 옛날에 살았던 거대한 동물의 뼈를 볼 수 있어요.

3 엄청나게 [☐ 작음 | ☐ 큼].

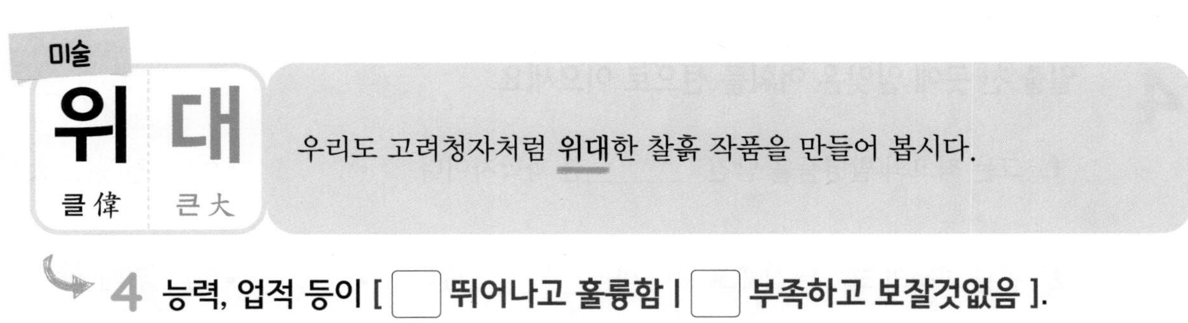

미술

위대

클 偉 큰 大

우리도 고려청자처럼 위대한 찰흙 작품을 만들어 봅시다.

4 능력, 업적 등이 [☐ 뛰어나고 훌륭함 | ☐ 부족하고 보잘것없음].

문제로 어휘力 높여요

1

밑줄 친 '대(大)' 자의 뜻과 거리가 먼 것에 ✓표를 하세요.

보기
- 대로(大路): 크고 넓은 길.
- 위대(偉大): 능력, 업적 등이 뛰어나고 훌륭함.

☐ 크다 ☐ 겨루다 ☐ 훌륭하다 ☐ 뛰어나다

2

빈칸에 알맞은 어휘를 쓰세요.

현지: 이번에 학교에서 체육 [ㄷ][ㅎ]가 열린대. 너는 무엇을 하고 싶어?
혜린: 나는 달리기 경주에 나가고 싶어. 일 등을 하기 위해 매일 연습할 거야.

[✎]

3

다음 설명에 가장 알맞은 어휘를 고르세요.

훌륭하고 뛰어난 임금을 높여 이르는 말.

① 가왕 ② 대왕 ③ 국왕 ④ 왕비 ⑤ 왕자

4

밑줄 친 곳에 알맞은 어휘를 선으로 이으세요.

1 그는 최고의 발명품을 남긴 ______한 과학자이다. • • ㉠ 거대(巨大)

2 공룡 화석의 크기는 실제로 보니 아주 ______했다. • • ㉡ 위대(偉大)

글 쓰며 표현力 높여요

정답과 해설 125쪽

‘큰 대(大)’가 들어가는 어휘를 넣어서 글을 써 보세요.

학교에서 다 같이 전시회를 보러 간다고 해요. 내가 보고 싶은 전시회는 무엇인지 선생님께 이야기해 보세요. 왜 그 전시회를 보고 싶은지 이유도 함께 말해 주세요.

도움말 대왕, 위대, 확대, 대통령 등에 ‘큰 대(大)’가 들어가요.

예 선생님, 저는 인물 모형 전시회에 가고 싶어요. 위대한 세종 대왕이나 우리나라 대통령의 모형을 보면 그분들을 직접 만나는 기분이 들어서 신기할 것 같아요.

따라 쓰며 한자力 완성해요

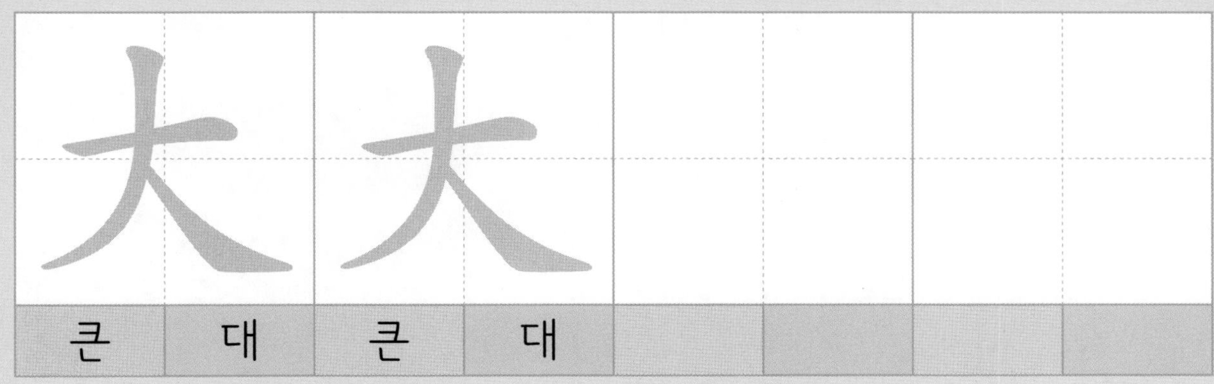

오늘의 학습을 평가해 보아요. 부족함 보통임 잘함

《 공부한 날짜 월 일 》

20 작을 소(小)

작은 점을 나타낸 글자로, '작다'를 뜻하고 '소'라고 읽습니다.

○ 오늘 배울 한자를 순서대로 그려 보세요.

영상으로 필순 보기

亅 小 小

'작을 소(小)'가 들어간 어휘

정답과 해설 126쪽

○ [1~4] 예문을 보고, 어휘의 뜻으로 알맞은 말을 골라 ✓표를 하세요.

사회

축 소
줄일 縮 작을 小

지도를 축소하여 주요 장소들의 위치를 한눈에 확인해 봅시다.

1 수량, 크기, 범위 등을 줄여서 [✓ 작게 | ☐ 크게] 함.

국어

소 품
작을 小 물건 品

역할극을 하기 위해 역할을 나누고 필요한 소품을 써 봅시다.

2 ① 크기가 [☐ 작은 | ☐ 큰] 예술 작품.
② 연극이나 영화 등에서, 무대 장치에 쓰는 [☐ 작은 | ☐ 큰] 물건.

'풍물놀이'는 북, 장구, 징, 꽹과리, 태평소, 소고 등을 치거나 불면서 춤과 노래를 곁들이는 우리나라 고유의 음악이에요.

음악

소 고
작을 小 북 鼓

장단에 맞춰 소고를 쳐 봅시다.

3 풍물놀이*에 쓰이는 [☐ 작은 | ☐ 큰] 북.

도덕

소 아 과
작을 小 아이 兒 과목 科

다섯 살인 내 동생은 오늘 주사를 맞으러 소아과에 갔습니다.

4 [☐ 어른 | ☐ 어린아이]의 병을 전문적으로 다루는 의학 분야나 병원.

문제로 어휘 力 높여요

1 **밑줄 친 곳에 해당하는 한자에 ○표를 하세요.**

언니는 키가 크고 저는 키가 작습니다.

上   下   大   小

2 **'소(小)' 자를 넣어, 빈칸에 공통으로 들어갈 어휘를 쓰세요.**

1990년대의 이야기를 다룬 이 영화에는 옛 디자인의 과자, 인기 가수의 테이프, 휴대용 게임기 등 다양한 [ㅅ][ㅍ]이 나옵니다. 이런 [ㅅ][ㅍ]을 보면서 사람들은 그 시절의 풍경을 생생하게 떠올릴 수 있습니다.

[ ]

3 **'소(小)' 자를 넣어, 밑줄 친 부분과 바꾸어 쓸 수 있는 어휘를 쓰세요.**

1 풍물놀이에는 북, 장구, 꽹과리, 징, 작은 북 등이 쓰인다. [ ]

2 아침에 열이 너무 많이 나서 어린아이 병을 전문적으로 다루는 병원에 갔다. [ ]

4 **괄호 안에 들어갈 어휘에 ✓표를 하세요.**

모바일 지도 버튼의 기능

버튼 모양	버튼 이름	기능
⊕	확대	크게 볼 수 있음.
⊖	( )	작게 볼 수 있음.
⊗	종료	지도를 끌 수 있음.

☐ 삭제

☐ 축소

☐ 복사

글 쓰며 표현力 높여요

정답과 해설 126쪽

‘작을 소(小)’가 들어가는 어휘를 넣어서 글을 써 보세요.

학교에서 지점토를 이용한 만들기 수업을 한다고 해요. 내 손으로 직접 지점토를 빚어서 작고 귀여운 작품을 만들 수 있어요. 어떤 것을 만들고 싶은지 친구들에게 이야기해 보세요.

도움말 축소, 소품, 소형, 소심 등에 ‘작을 소(小)’가 들어가요.

예 나는 소아과를 축소해 놓은 모형을 만들고 싶어. 소심해 보이는 어린아이 모형도 함께 만들어서 병원에 가기 두려워하는 아이들의 마음을 표현할 거야.

따라 쓰며 한자力 완성해요

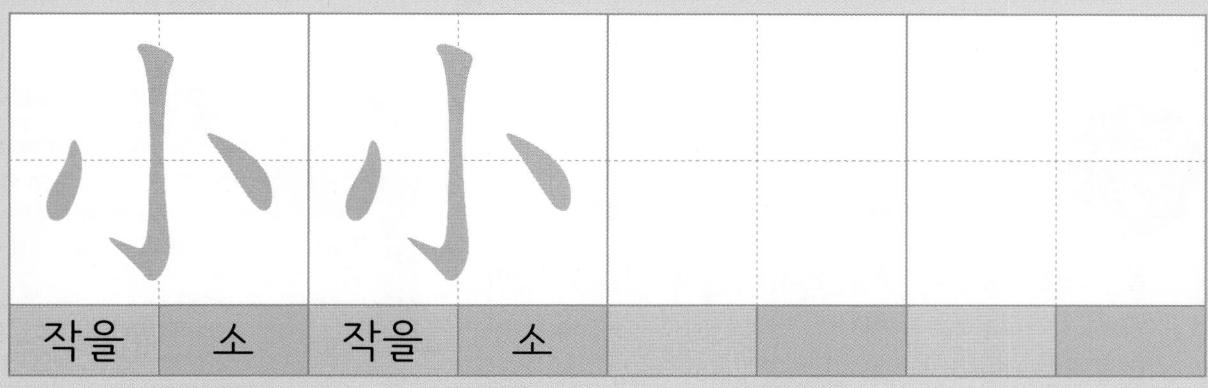

小	小		
작을 소	작을 소		

오늘의 학습을 평가해 보아요. 부족함 보통임 잘함

16~20 독해로 마무리해요

정답과 해설 127쪽

1~2 다음 글을 읽고, 물음에 답하세요.

얘들아! 내일은 기다리던 체육 대회(大會) 날이야. 위대(偉大)한 우리 1학년 2반이 정상(頂上)을 차지할 수 있도록 학급 회장인 내가 몇 가지를 안내할게.

우리 반은 세 가지 경기에 참여할 거야. 첫 번째는 '공 굴리기' 경기야. 이 경기에서는 거대(巨大)한 공에 깔리지 않도록 공을 안전하게 굴리는 게 제일 중요해. 두 번째는 '줄다리기' 경기야. 다리에 힘을 주고, 상체(上體)를 눕는 것처럼 뒤로 젖혀야 큰 힘을 줄 수 있어. 마지막은 '장애물 달리기' 경주야. 장애물의 위치는 저번에 알려 준 그대로이니, 집중(集中)해서 잘 기억해 둬.

우리 반은 응원할 때 소고(小鼓)를 사용하기로 했었지? 내일 모두 잊지 말고 가져와. 목소리가 큰 유진이를 중심(中心)으로 해서 다 함께 응원하면 아주 멋있을 거야. 그러면 내일 만나자!

1 누가, 누구에게 전하는 글인지 쓰세요.

{ 1학년 2반 □□□□이 반 친구들에게 }

2 이 글의 내용과 다른 것을 고르세요.

① 체육 대회는 내일이다.
② '공 굴리기' 경기의 공은 작다.
③ 응원할 때 소고를 사용하기로 했다.
④ 장애물의 위치는 이전에 알려 주었다.
⑤ 줄다리기를 잘하려면 상체를 뒤로 젖혀야 한다.

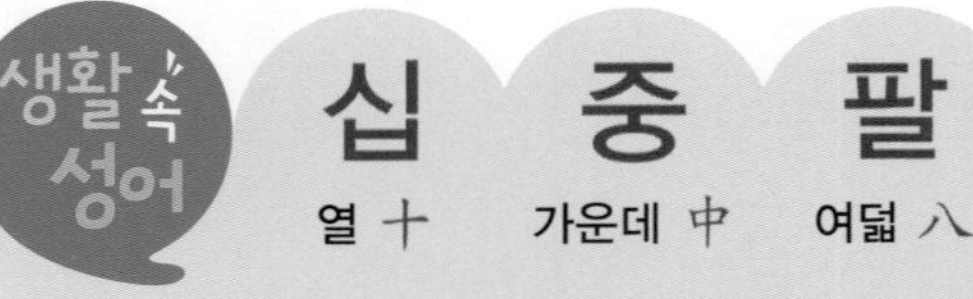

열 가운데 여덟이나 아홉이 된다는 뜻으로, 거의 대부분이거나 거의 틀림없음을 가리키는 말입니다. 거의 그러할 것이라는 추측을 나타낼 때 사용합니다.

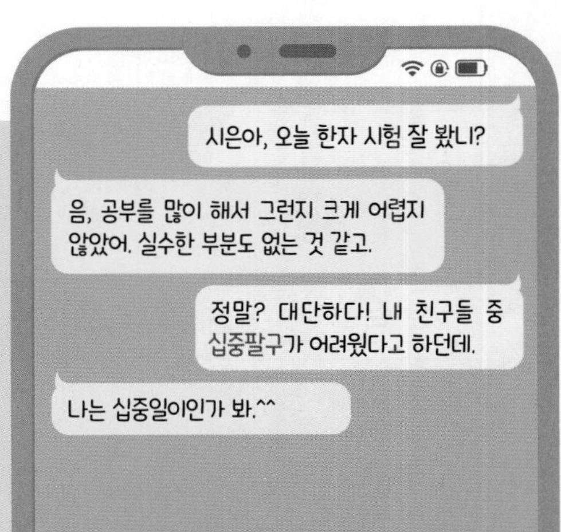

놀이로 정리해요

정답과 해설 127쪽

뜻풀이와 초성을 단서로 어휘를 완성하며 징검다리를 건너 보세요.

산의 맨 꼭대기.
ㅈ ㅅ (頂上)

한 가지 일에 모든 힘을 쏟아부음.
ㅈ ㅈ (集中)

땅속. 땅의 아래쪽.
ㅈ ㅎ (地下)

능력, 업적 등이 뛰어나고 훌륭함.
ㅇ ㄷ (偉大)

수량, 크기, 범위 등을 줄여서 작게 함.
ㅊ ㅅ (縮小)

급수 시험 맛보기

1 한자의 뜻과 음으로 알맞은 것을 고르세요.

1 火 ① 달 월 ② 물 수 ③ 불 화 ④ 나무 목

2 金 ① 쇠 금 ② 문 문 ③ 집 가 ④ 흙 토

2 뜻과 음에 알맞은 한자를 고르세요.

1 가운데 중 ① 口 ② 中 ③ 兄 ④ 可

2 하늘 천 ① 人 ② 大 ③ 太 ④ 天

3 어휘를 바르게 읽은 것을 고르세요.

1 木馬 ① 가마 ② 장마 ③ 목마 ④ 목수

2 購入 ① 출입 ② 입구 ③ 구입 ④ 구출

4 어휘의 뜻으로 알맞은 것을 고르세요.

1 父女

① 아버지와 딸. ② 아버지와 아들. ③ 어머니와 딸. ④ 어머니와 아들.

2 生水

① 물속을 헤엄치는 일.

② 과일이나 야채를 짜낸 즙.

③ 샘에서 솟아 나오는 맑은 물.

④ 바다에서 솟아 나오는 탁한 물.

정답과 해설 128쪽

5 밑줄 친 어휘를 바르게 읽은 것을 고르세요.

1 우리 학교 <u>正門</u>에서 기다리고 있을게.

① 정상　　② 대문　　③ 정문　　④ 후문

2 우리가 살고 있는 <u>地球</u>를 아끼고 사랑해야 합니다.

① 도시　　② 지구　　③ 지도　　④ 지방

6 밑줄 친 어휘를 한자로 바르게 쓴 것을 고르세요.

> <u>내일</u>부터는 열심히 운동을 할 거야.

① 來日　　② 來年　　③ 生日　　④ 每日

7 '부모 형제(父母兄弟)'의 뜻에 해당하지 <u>않는</u> 사람을 고르세요.

① 동생　　② 어머니　　③ 선생님　　④ 아버지

8 '上'과 뜻이 반대인 한자를 고르세요.

① 土　　② 右　　③ 左　　④ 下

9 빈칸에 공통으로 들어갈 한자를 고르세요.

> □品　　□鼓　　□兒科

① 三　　② 小　　③ 家　　④ 所

정답과 해설

정답
QR 코드

완자 공부력 가이드

완자 공부력 시리즈는
앞으로도 계속 출간될 예정입니다.

완자 공부력 시리즈로 공부 근육을 키워요!

학습의 기초가 되는 읽기, 쓰기, 셈하기와 관련된 공부력을 키워야 여러 교과를 터득하기 쉬워집니다. 또한 어휘력과 독해력, 쓰기력, 계산력을 바탕으로 한 '공부력'은 자기주도 학습으로 상당한 단계까지 올라갈 수 있는 밑바탕이 되어 줍니다. 그래서 매일 꾸준한 학습이 가능한 **'완자 공부력 시리즈'**로 공부하면 **자기주도학습이 가능한 튼튼한 공부 근육**을 키울 수 있을 것이라 확신합니다.

효과적인 공부력 강화 계획을 세워요!

학년별 공부 계획

내 학년에 맞게 꾸준하게 공부 계획을 세워요!

		1-2학년	3-4학년	5-6학년
기본	독해	국어 독해 1A 1B 2A 2B	국어 독해 3A 3B 4A 4B	국어 독해 5A 5B 6A 6B
	계산	수학 계산 1A 1B 2A 2B	수학 계산 3A 3B 4A 4B	수학 계산 5A 5B 6A 6B
	어휘	전과목 어휘 1A 1B 2A 2B	전과목 어휘 3A 3B 4A 4B	전과목 어휘 5A 5B 6A 6B
		파닉스 1 2	영단어 3A 3B 4A 4B	영단어 5A 5B 6A 6B
확장	어휘	전과목 한자 어휘 1A 1B 2A 2B	전과목 한자 어휘 3A 3B 4A 4B	전과목 한자 어휘 5A 5B 6A 6B
	쓰기	맞춤법 바로 쓰기 1A 1B 2A 2B		
	독해		한국사 독해 인물편 1 2 3 4	
			한국사 독해 시대편 1 2 3 4	

시기별 공부 계획

학기 중에는 **기본**, 방학 중에는 **기본 + 확장**으로 공부 계획을 세워요!

<table>
<tr><th colspan="4">방학 중</th></tr>
<tr><th colspan="3">학기 중</th><th></th></tr>
<tr><th colspan="3">기본</th><th>확장</th></tr>
<tr><th>독해</th><th>계산</th><th>어휘</th><th>어휘, 쓰기, 독해</th></tr>
<tr><td rowspan="2">국어 독해</td><td rowspan="2">수학 계산</td><td>전과목 어휘</td><td>전과목 한자 어휘</td></tr>
<tr><td>파닉스(1~2학년)
영단어(3~6학년)</td><td>맞춤법 바로 쓰기(1~2학년)
한국사 독해(3~6학년)</td></tr>
</table>

예시 초1 학기 중 공부 계획표 주 5일 하루 3과목 (45분)

월	화	수	목	금
국어 독해	국어 독해	국어 독해	국어 독해	국어 독해
수학 계산	수학 계산	수학 계산	수학 계산	수학 계산
전과목 어휘	파닉스	전과목 어휘	전과목 어휘	파닉스

예시 초4 방학 중 공부 계획표 주 5일 하루 4과목 (60분)

월	화	수	목	금
국어 독해	국어 독해	국어 독해	국어 독해	국어 독해
수학 계산	수학 계산	수학 계산	수학 계산	수학 계산
전과목 어휘	영단어	전과목 어휘	전과목 어휘	영단어
한국사 독해 인물편	전과목 한자 어휘	한국사 독해 인물편	전과목 한자 어휘	한국사 독해 인물편

01 날 일(日)

‘날 일(日)’이 들어간 어휘

본문 9쪽

1	일기(日記)	[☑ 날마다 | ☐ 해마다] 겪은 일이나 생각, 느낌 등을 적은 것.
2	생일(生日)	세상에 태어난 [☑ 날 | ☐ 장소].
3	내일(來日)	오늘의 바로 [☐ 전 | ☑ 다음] 날.
4	매일(每日)	[☐ 이삼일 | ☑ 하루하루]마다.

문제로 어휘力 높여요

본문 10쪽

1 日

밑줄 친 ‘날’은 하루를 의미한다. 따라서 하루, 24시간을 의미하는 ‘日(날 일)’이 ‘날’과 같은 의미의 한자에 해당한다. 나머지 한자는 ‘生(날 생)’, ‘每(매양 매)’, ‘月(달 월)’이다.

2 1 생 2 내

1 친구에게 줄 선물을 준비한다고 했으므로, 세상에 태어난 날을 의미하는 ‘생일(生日)’이 가장 적절하다.

2 오늘은 선 긋기를 배웠고, 이후에는 동그라미 그리기를 배울 것이라고 했으므로, 오늘의 바로 다음 날을 의미하는 ‘내일(來日)’이 가장 적절하다.

3 ④

날마다[날 일(日)] 겪은 일이나 생각, 느낌 등을 적은[기록할 기(記)] 것은 ‘일기(日記)’이다.

4 ㉣

㉠ ~ ㉢은 날마다 꾸준히 활동하는 것과 관련된 글이므로, 하루하루마다를 의미하는 ‘매일(每日)’을 쓸 수 있다. ㉣은 문맥상 오늘은 무엇을 했고, 앞으로 어떻게 하고 싶다는 의미이므로, 오늘의 다음 날을 의미하는 ‘내일(來日)’이 적절하다.

글 쓰며 표현力 높여요

본문 11쪽

예시 안녕? 민서야. 다음 주 토요일 내 생일 파티에 와서 함께 놀지 않을래? 매일매일 기억나는 즐거운 추억을 만들어 줄게. 내일까지 답장해 주면 좋겠어.

02 달 월(月)

‘달 월(月)’이 들어간 어휘

본문 13쪽

1	개월(個月)	삼 개월, 육 개월 등 [☐ 해 | ☑ 달]을 셀 때 쓰는 말.
2	월급(月給)	일한 대가로 [☑ 한 달 | ☐ 하루]마다 주는 돈.
3	세월(歲月)	흘러가는 [☑ 시간 | ☐ 구름].
4	생년월일(生年月日)	[☐ 살아온 | ☑ 태어난] 해와 달과 날.

문제로 어휘力 높여요

본문 14쪽

1 月

‘이번 달’, ‘다음 달’이라고 했으므로, 밑줄 친 ‘달’은 ‘한 해를 열둘로 나눈 것 가운데 하나의 기간.’을 의미한다. 따라서 ‘月(달 월)’이 ‘달’과 같은 의미의 한자에 해당한다.
나머지 한자는 ‘生(날 생)’, ‘年(해 년)’, ‘日(날 일)’이다.

2 ④

‘개월(個月)’은 삼 개월, 육 개월 등 ‘달’을 셀 때 쓰는 말이다.

3 1 세월 2 월급

1 함께 지낸 지 5년이라는 시간이 흘렀다는 문장이므로, 흐르는 시간을 의미하는 ‘세월(歲月)’이 가장 적절하다.
2 사촌 오빠가 일을 해서 탄 대가로 선물을 사 주었다는 문장이므로, 일한 대가로 한 달마다 주는 돈을 의미하는 ‘월급(月給)’이 가장 적절하다.

4 ③

개인 정보에 해당하면서 연도와 월, 일을 함께 적는 것은 ‘생년월일(生年月日)’이다.

글 쓰며 표현力 높여요

본문 15쪽

예시 내 이름은 이은호라고 해. 난 나중에 세월이 흘러 대학생이 되면 방송국에서 아르바이트를 해 보고 싶어. 첫 월급을 타면 친구들에게 선물도 사 줄 거야. 그때까지 계속 나의 친구가 되어 줘. 앞으로 12개월 동안, 그리고 어른이 될 때까지 친하게 지내자.

03 불 화(火)

‘불 화(火)’가 들어간 어휘

본문 17쪽

1	화재(火災)	[☐ 물 I ☑ 불] 때문에 일어나는 큰 사고.
2	화산(火山)	마그마가 땅속의 틈을 뚫고 나와 쌓여 만들어진 [☑ 산 I ☐ 바다].
3	화상(火傷)	[☐ 차가운 I ☑ 뜨거운] 것에 데어 피부를 다치는 것.
4	소화기(消火器)	불을 [☐ 켜는 I ☑ 끄는] 기구.

문제로 어휘力 높여요

본문 18쪽

1 불

보기에서 밑줄 친 ‘화(火)’는 모두 ‘불’이라는 뜻으로 쓰였다. ‘화재(火災)’는 ‘불[火] 때문에 일어나는 큰 사고[災]’를 뜻하고, ‘소화기(消火器)’는 ‘불[火]을 끄는[消] 기구[器]’를 뜻한다.

2 화재

제시된 문장은 겨울철 산불[火]로 큰 사고[災]가 발생해 소방대원들이 출동한 상황이다. 따라서 ‘화재(火災)’가 들어가는 것이 알맞다.

3 화상

두 문장 모두 뜨거운 열에 의해 피부를 다치는 상황을 말하고 있으므로, 뜨거운 것[火]에 데어 피부를 다치는[傷]것을 의미하는 ‘화상(火傷)’이 들어가는 것이 알맞다.

4 1 소화기　　2 화산

1 건물에 불이 나서 불을 끄는 상황이므로, 불[火]을 끄는[消] 기구[器]를 의미하는 ‘소화기(消火器)’가 들어갈 수 있다.

2 무언가 폭발하여 용암이 흘렀다고 했으므로, ‘화산(火山)’이 들어갈 수 있다.

글 쓰며 표현力 높여요

본문 19쪽

예시 화재가 발생했을 때는 가까운 곳에 있는 소화기로 재빨리 불을 꺼야 해요. 주변의 물건은 절대로 만지지 않는 것이 좋아요. 뜨거워서 화상을 입을 수도 있거든요. 큰불이 났을 때는 119에 신고하는 것이 무엇보다 중요하답니다.

04 물 수(水)

'물 수(水)'가 들어간 어휘

본문 21쪽

1 **생수(生水)**
- ☑ 샘에서 솟아 나오는 맑은 물.
- ☐ 바다에서 솟아 나오는 탁한 물.

2 **수영(水泳)**
- ☑ 물속을 헤엄치는 일.
- ☐ 땅에서 힘차게 뛰어가는 일.

3 **호수(湖水)**
- ☐ 땅이 볼록 튀어나와 물이 말라 있는 곳.
- ☑ 땅이 우묵하게 들어가 물이 괴어 있는 곳.

4 **음료수(飮料水)**
- ☐ 지루함을 해결하거나 재미를 느낄 수 있도록 만든 볼거리.
- ☑ 목마름을 해소하거나 맛을 즐길 수 있도록 만든 마실 거리.

문제로 어휘力 높여요

본문 22쪽

1 ③

水의 훈(뜻)은 '물'이고 음(소리)은 '수'이므로 '수요일'이 적절하다.
① 월(月)요일. ② 화(火)요일. ④ 목(木)요일. ⑤ 금(金)요일.

2 수영

물에 들어가 헤엄을 친다고 했으므로, '물 수(水)'와 '헤엄칠 영(泳)'이 쓰인 '수영'과 뜻이 가장 비슷하다.

3 샘, 물

4 1 ㉡ 2 ㉠

1 갈증을 해소해 주는 마실 것을 가리키고 있으므로, 빈칸에는 목마름을 해결하거나 맛을 즐길 수 있는 마실 것을 뜻하는 '음료수(飮料水)'가 들어갈 수 있다.

2 구명조끼를 입고 배를 타는 곳이므로, 빈칸에는 땅이 우묵하게 들어가 물이 괴어 있는 곳을 의미하는 '호수(湖水)'가 들어갈 수 있다.

글 쓰며 표현力 높여요

본문 23쪽

예시 엄마, 아빠. 이번 여름 방학에는 야외 수영장에 꼭 가고 싶어요. 뜨거운 햇살 아래 신나게 수영하고 시원한 음료수를 마시면 너무 행복할 것 같아요.

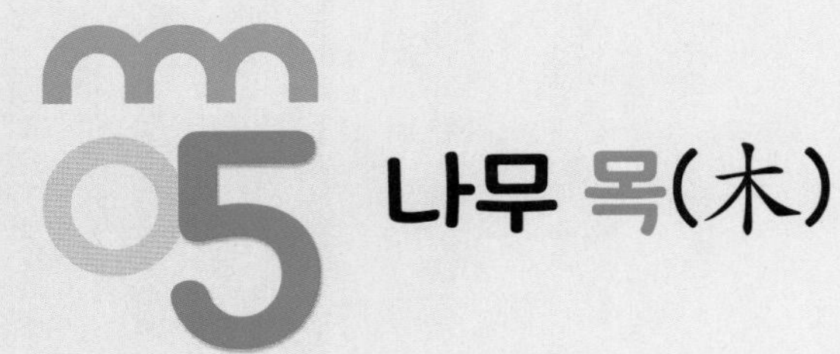

05 나무 목(木)

‘나무 목(木)’이 들어간 어휘

본문 25쪽

1 **목수(木手)**
- [ ] 돌로 집이나 가구 등을 만드는 일을 직업으로 하는 사람.
- [x] 나무로 집이나 가구 등을 만드는 일을 직업으로 하는 사람.

2 **목마(木馬)**
- [ ] 풀로 소의 모양을 깎아 만든 물건.
- [x] 나무로 말의 모양을 깎아 만든 물건.

3 **수목원(樹木園)**
- [ ] 여러 동물을 관람할 수 있도록 일정한 시설을 갖추어 놓은 곳.
- [x] 관찰이나 연구 목적으로 여러 가지 나무를 모아 키우는 곳.

4 **식목일(植木日)**
- [x] 나무를 많이 심고 아껴 가꾸도록 하기 위하여 나라에서 정한 날.
- [ ] 나라를 위하여 싸우다 숨진 사람들의 충성을 기리기 위하여 나라에서 정한 날.

문제로 **어휘力** 높여요

본문 26쪽

1 ㉠

‘목소리’는 목구멍에서 나는 소리를 의미하므로, 나무 목(木)이 아닌 우리 몸의 일부인 ‘목’이 쓰였다.

2 ④

나무를 다루고, 주로 나무로 집을 짓거나 가구를 만든다고 했으므로, 가장 알맞은 직업은 ‘목수(木手)’이다.
① ‘의사(醫師)’는 의술[醫]과 약으로 병을 고치는 사람이고, ② ‘가수(歌手)’는 노래[歌] 부르는 것을 직업으로 삼는 사람이다.
③ ‘농부(農夫)’는 농사[農]를 직업으로 삼는 사람이고, ⑤ ‘교사(教師)’는 학생을 가르치는[教] 사람이다.

3 목마

나무[木]로 만든 말[馬]은 ‘목마(木馬)’이다.

4 1 수목원 2 식목일

1 세계 여러 나라의 나무를 많이 볼 수 있다고 했으므로, 여러 가지 나무를 모아 키우는 곳을 의미하는 ‘수목원(樹木園)’이 들어갈 수 있다.
2 매년 4월 5일이고, 나무를 심거나 나무를 사랑하는 마음을 기리는 날은 ‘식목일(植木日)’이다.

글 쓰며 **표현力** 높여요

본문 27쪽

예시 나무는 우리 주변에서 다양한 목재로 쓰여. 동네 목공소에 가서 나무가 얼마나 다양하게 쓰이는지 목수 아저씨에게 배워 보자.

01~05 독해 / 놀이

독해로 마무리해요

본문 28쪽

1 수목원

이 글은 수목원에 다녀온 날에 있었던 일과 느낌을 적은 일기이다.

2 ③

내일은 글쓴이의 생일이고 친구들과 만나 맛있는 것을 먹으며 재미있게 놀기로 했다고 했으므로 ③이 알맞다.
① 생일은 내일이라고 했다. ② 일기를 쓴 오늘이 식목일이다. ④ 엄마는 가방에 생수를 넣어 주셨다. ⑤ 글쓴이는 학교에 입학한 지 일 개월이 지났다고 했다.

놀이로 정리해요

본문 29쪽

쇠 금(金)

'쇠 금(金)'이 들어간 어휘 본문 31쪽

	어휘	뜻
1	저금(貯金)	☑ 돈을 모아 둠. 또는 그 돈. ☐ 돈을 내어 쓰거나 내어 줌. 또는 그 돈.
2	상금(賞金)	☐ 규칙을 위반했을 때에 벌로 내게 하는 돈. ☑ 착한 행동이나 잘한 일을 격려하기 위해 주는 돈.
3	요금(料金)	☐ 일정 기간 은행이나 우체국 등에 맡긴 돈. ☑ 남의 힘을 빌리거나 사물을 사용·소비·관람한 대가로 치르는 돈.
4	임금(賃金)	☑ 근로자가 일한 대가로 받는 돈. ☐ 국가가 필요한 돈을 채우기 위해 거두어들이는 돈.

문제로 어휘力 높여요 본문 32쪽

1 요금

'요금(料金)'은 '남의 힘을 빌리거나 사물을 사용·소비·관람한 대가로 치르는 돈.'을 뜻하는 어휘이므로 빈칸에 들어갈 어휘로 알맞다.

'현금(現金)'은 정부나 중앙은행에서 발행하는 지폐나 주화를 의미하고, '모금(募金)'은 기부금이나 성금 등을 의미하고, '세금(稅金)'은 국가 또는 지방 공공 단체가 국민이나 주민들에게 거두어들이는 돈을 의미한다.

2 ㉡

㉠은 '군주 국가에서 나라를 다스리는 우두머리.'라는 의미의 '임금'이 쓰였고, ㉡은 첫 임금으로 부모님께 드릴 선물을 샀다고 하였으므로 '일한 대가로 받는 돈.'이라는 의미의 '임금'이 쓰였다.

3 ④

'상금(賞金)'은 착한 행동이나 잘한 일을 격려하기 위해 주는 돈을 의미한다. 이와 반대되는 의미의 어휘는 규칙을 위반했을 때에 벌로 내게 하는 돈이라고 하였으므로, '벌할 벌(罰)'에 '쇠 금(金)'을 쓴 '벌금(罰金)'이다.

4 金

첫 번째 문장에는 동생이 용돈을 모아 둔다는 의미로 '저금(貯金)'이 들어갈 수 있고, 두 번째 문장에는 황금과 같이 광택이 나는 누런색 색종이로 왕관을 만들었다는 의미로 '금색(金色)'이 들어갈 수 있다. 따라서 빈칸에 공통으로 들어갈 한 자는'金(쇠 금)'이다.

글 쓰며 표현力 높여요 본문 33쪽

예시 바둑 대회에서 우승을 하게 되어 기쁘고, 금메달을 받다니 꿈만 같습니다. 상금은 전부 어려운 사람들을 돕는 모금함에 넣으려고 합니다. 저의 기부를 계기로 기부금이 더 많이 모이면 좋겠습니다.

흙 토(土)

‘흙 토(土)’가 들어간 어휘

본문 35쪽

1	국토(國土)	한 [☑ 나라 | ☐ 사람]의 통치권이 미치는 지역.
2	농토(農土)	[☐ 건물을 | ☑ 농사를] 짓는 데 쓰이는 땅.
3	점토(粘土)	작은 알갱이로 이루어진 [☐ 거칠고 | ☑ 부드럽고] 끈끈한 흙.
4	토종(土種)	가축이나 농작물이 예전부터 [☑ 한 지방 | ☐ 여러 곳] 에서 나는 종류.

문제로 어휘力 높여요

본문 36쪽

1 ㉡

2 농토

‘농사짓는 땅’과 뜻이 가장 비슷한 어휘는 ‘농토(農土)’이다.
‘대지(大地)’는 ‘대자연의 넓고 큰 땅.’을, ‘토양(土壤)’은 ‘식물에 영양을 공급하여 자라게 할 수 있는 흙.’을, ‘공터(空-)’는 ‘집이나 밭 따위가 없는 비어 있는 땅.’을 의미한다.

3 ①

‘토성’은 흙으로 쌓아 올린 성이고, ‘토기’는 흙으로 만든 그릇이므로, 두 어휘에서 공통으로 사용된 ‘토’ 자는 모두 ‘흙’이라는 뜻이다.

4 1 점토 2 국토

1 미술 시간에 토끼와 거북이를 만든 재료가 들어가야 하므로 빈칸에는 ‘점토(粘土)’가 알맞다.
2 다른 나라의 지역을 침범하는 전쟁이 일어나서는 안 된다는 의미이므로, 빈칸에는 ‘국토(國土)’가 알맞다.

글 쓰며 표현力 높여요

본문 37쪽

예시 주변에서 농토를 구할 수 없다면 바닷가로 가 보면 어떨까요? 바다를 메워 농사지을 토지를 만들 수도 있어요.

08 하늘 천(天)

'하늘 천(天)'이 들어간 어휘

본문 39쪽

1 **천하(天下)**
- ☐ 하늘보다 높은 곳.
- ☑ 하늘 아래 온 세상.

2 **천장(天障)**
- ☑ 집이나 건물의 안에서 위쪽 면.
- ☐ 하늘을 지붕이나 벽으로 가리지 않은 곳.

3 **천연(天然)**
- ☐ 사람의 힘으로 만들어 낸 것.
- ☑ 사람의 힘을 가하지 않은 자연 그대로의 상태.

4 **천재(天才)**
- ☐ 하늘에 떠 있는 별이나 우주를 연구하는 사람.
- ☑ 태어날 때부터 지니고 있는 뛰어난 재주. 또는 그런 재주를 가진 사람.

문제로 **어휘** 力 높여요

본문 40쪽

1 ⑤

'하늘이 내려준 인연'이라고 하였으므로, 빈칸에 '하늘 천(天)'이 들어감을 추측할 수 있다. '천생연분(天生緣分)'은 '하늘에서 정하여 준 연분.'이라는 뜻이다.

2 1 ㉠ 2 ㉡

3 천연

'인공(人工)'은 '사람의 힘으로 만들어 낸 것.'을 말한다. 그러므로 이와 뜻이 반대되는 어휘는 '사람의 힘을 가하지 않은 자연 그대로의 상태.'를 뜻하는 '천연(天然)'이다.

'천성'은 '본래 타고난 성격이나 성품.'을 의미하고, '천문'은 '우주와 천체의 온갖 현상과 법칙성.'을 의미한다. '천국'은 '어떤 제약도 받지 않는 자유롭고 편안한 곳.'을 의미한다.

4 천재

'천재(天才)'는 태어날 때부터 남보다 훨씬 뛰어난 재주를 가진 사람을 가리키는 말이므로 빈칸에 공통으로 들어가기에 알맞다.

글 쓰며 **표현** 力 높여요

본문 41쪽

예시 내게 천재적인 재능이 있을 줄은 알았지만, 하늘을 날 수 있을 줄이야! 그런데 산 아래 있는 사람들이 너무 작게 보이니, 천지에 나 혼자만 있는 것 같아 좀 무서워요.

땅 지(地)

○ '땅 지(地)'가 들어간 어휘

본문 43쪽

1	지구(地球)	태양계 행성 가운데 태양에서 셋째로 가까우며, 사람이 [☑ 사는 | ☐ 살지 못하는] 행성.
2	지진(地震)	땅속 물질이 움직이거나 화산 활동이 일어나 [☑ 땅 | ☐ 하늘]이 흔들리며 움직이는 일.
3	지도(地圖)	지구 표면의 상태를 일정하게 [☐ 늘여여 | ☑ 줄여], 이를 약속된 기호로 나타낸 그림.
4	중심지(中心地)	어떤 일이나 활동의 [☑ 중심이 | ☐ 바깥이] 되는 곳.

문제로 어휘力 높여요

본문 44쪽

1 지진이 일어났을 때 안전하게 피하는 방법

땅이 흔들릴 경우 안전하게 피해서 몸을 보호하는 방법에 대한 글이다. 따라서 '지진이 일어났을 때 안전하게 대피하는 방법'이라는 제목이 적절하다.

2 지구

사람이 사는 태양계의 행성이 '지구'이므로, 빈칸에 공통으로 '지구'를 넣어 '지구본'과 '지구촌'이라는 어휘를 만들 수 있다.

3 중앙

'중심(中心)'은 '사물의 한가운데.'를 뜻한다. 따라서 '사방의 중심이 되는 한가운데.'를 뜻하는 '중앙(中央)'과 그 뜻이 비슷하다. '가장자리'는 '둘레나 끝에 해당되는 부분.'을 뜻하고, 바깥은 '밖이 되는 곳.'을 뜻하므로 '중심'과는 거리가 먼 뜻이다.

4 지도

'지도(地圖)'는 '지구 표면의 상태를 일정하게 줄여, 이를 약속된 기호로 나타낸 그림.'을 뜻한다. 따라서 우리나라 주변에 어떤 나라들이 있는지 살펴보려면 '세계 지도'를 보아야 한다.

글 쓰며 표현力 높여요

본문 45쪽

예시 처음으로 가는 곳이니 길을 잃어버리지 않도록 지도를 꼭 준비하자. 그 지방의 특산물도 미리 알아 두면 맛있는 식사도 할 수 있을 거야.

10 사람 인(人)

● '사람 인(人)'이 들어간 어휘

본문 47쪽

1 **위인(偉人)**
- [x] 뛰어나고 훌륭한 사람.
- [ ] 나이가 많이 들어 늙은 사람.

2 **인원(人員)**
- [ ] 필요한 물건의 개수.
- [x] 단체를 이루고 있는 사람들. 또는 그 사람들의 수.

3 **인물(人物)**
- [ ] 생명이 없는 물체.
- [x] 일정한 상황에서 어떤 역할을 하는 사람.

4 **인형(人形)**
- [x] 사람이나 동물 모양으로 만든 장난감.
- [ ] 다른 사람의 말이나 뜻에 따라서 움직이는 물건.

문제로 어휘力 높여요

본문 48쪽

1 ⑤
'노인(老人)', '시인(詩人)', '상인(商人)', '군인(軍人)'은 모두 '사람'과 관련이 있는 뜻이다. 그러나 '할인(割引)'은 '割(벨 할)'과 '引(끌 인)'이 쓰인 어휘로, 제품의 가격을 내려서 판매한다는 의미이므로 '사람'이라는 의미를 포함하고 있지 않은 어휘이다.
①老(늙을 로), ②詩(시 시), ③商(장사 상), ④軍(군사 군).

2 위인
'위인(偉人)'은 뛰어나고 훌륭한 사람이라는 의미이므로 이와 바꾸어 쓸 수 있다. '주인'은 '主(주인 주)'가 쓰여, '대상이나 물건을 소유한 사람.'을 뜻한다.

3 인형
'인형(人形)'은 사람이나 동물 모양으로 만든 장난감이라는 뜻으로, 동생이 껴안고 잠이 들었다는 문장과 어린 시절부터 가지고 놀던 것이라는 문장에 들어가기에 모두 알맞다.

4 1 ㉠ 2 ㉡

글 쓰며 표현力 높여요

본문 49쪽

예시 난 요즘 인기 있는 장난감인 이 블록을 고를 거야. 앞으로 이런 조립식 장난감을 만드는 인물이 되는 것이 나의 꿈이거든.

06~10 독해 / 놀이

독해로 마무리해요

본문 50쪽

1 김정호

이 글은 조선의 지리학자인 '김정호'에 대해 설명한 글이다.

2 ③

김정호는 어려서부터 국토에 대한 관심이 많았다고 하였다.

놀이로 정리해요

본문 51쪽

11 아버지 부(父)

‘아버지 부(父)’가 들어간 어휘

본문 53쪽

1	부친(父親)	[☑ 아버지 I ☐ 할아버지]를 정중히 이르는 말.
2	부녀(父女)	아버지와 [☐ 아들 I ☑ 딸]을 아울러 이르는 말.
3	부성애(父性愛)	자식에 대한 [☑ 아버지 I ☐ 어머니]의 본능적인 사랑.
4	조부모(祖父母)	할아버지와 [☑ 할머니 I ☐ 손녀]를 아울러 이르는 말.

문제로 어휘力 높여요

본문 54쪽

1 1 ○ 2 × 3 ○

2 ‘父’는 손에 도끼를 들고 가족을 위해 사냥하는 아버지의 모습을 그린 글자로, ‘아버지’를 뜻한다.

2 ⑤

‘아버지’를 높이거나 정중하게 부를 때에는 ‘부친(父親)’이라고 표현할 수 있다.
① ‘백부(伯父)’는 아버지의 형 중에 첫째가 되는 형을 일컫는 말이고, ② ‘숙부(叔父)’는 아버지의 남동생인 작은아버지, ③ ‘조부(祖父)’는 할아버지를 뜻한다. ④ ‘모친(母親)’은 어머니를 높여 부를 때 쓰는 표현이다.

3 부녀

아버지와 딸을 아울러 ‘부녀(父女)’라고 하고, 이 둘 사이를 ‘부녀 관계’라고 한다.

4 1 조부모 2 부성애

1 할아버지와 할머니를 아울러 이르는 말은 ‘조부모(祖父母)’이다.
2 자식에 대한 아버지의 사랑을 이르는 말은 ‘부성애(父性愛)’이다.

글 쓰며 표현力 높여요

본문 55쪽

예시 나는 이 이야기를 들으니, 바쁜 부모님을 대신해서 나를 돌보아 주시는 삼촌이 떠올라. 마치 사이좋은 부녀 사이 같다고 사람들이 말할 정도로 삼촌이 날 챙겨 주시거든.

12 어머니 모(母)

‘어머니 모(母)’가 들어간 어휘

본문 57쪽

1 이모(姨母)
- ☐ 아버지의 누나나 여동생을 이르는 말.
- ☑ 어머니의 언니나 여동생을 이르는 말.

2 모자(母子)
- ☐ 자식에 대한 어머니의 사랑.
- ☑ 어머니와 아들을 아울러 이르는 말.

3 모음(母音)
- ☐ 우리말에서 ‘ㄱ, ㄴ, ㄷ, ㄹ, ㅁ, ㅂ’ 등을 부르는 말.
- ☑ 우리말에서 ‘ㅏ, ㅑ, ㅓ, ㅕ, ㅗ, ㅛ’ 등을 부르는 말.

4 부모 형제(父母兄弟)
- ☐ 가까이 사는 이웃을 이르는 말.
- ☑ 아버지, 어머니, 형, 언니, 동생 등을 아울러 이르는 말.

문제로 어휘力 높여요

본문 58쪽

1 어머니, 아들

‘모자’는 ‘어머니 모(母)’와 ‘아들 자(子)’를 합한 어휘로, 어머니와 아들을 가리킨다.

2 모음

우리말에서 ‘ㄱ, ㄴ, ㄷ, ㄹ, ㅁ, ㅂ’ 등은 ‘자음’이라고 부르고, ‘ㅏ, ㅑ, ㅓ, ㅕ, ㅗ, ㅛ’ 등은 ‘모음’이라고 부른다. ‘곰’의 ‘ㄱ’과 ‘ㅁ’은 ‘자음’에, ‘ㅗ’는 ‘모음’에 해당한다.

3 이모

어머니의 언니나 여동생을 가리키거나 부르는 말은 ‘이모(姨母)’이다. 아버지의 누나나 여동생을 가리키거나 부르는 말은 ‘고모(姑母)’이다.

4 부모 형제

글 쓰며 표현力 높여요

본문 59쪽

예시 길 잃은 아기 새야. 날 이모라고 불러도 좋아. 네 부모 형제를 찾아줄 수 있도록 최선을 다해 노력해 볼게.

13 들어갈 입(入)

'들어갈 입(入)'이 들어간 어휘

본문 61쪽

1	입구(入口)	[☐ 나가는 | ☑ 들어가는] 문이나 길.
2	구입(購入)	물건을 [☑ 사들임 | ☐ 팔아넘김].
3	입양(入養)	혈연관계가 아닌 사람들이 법적으로 [☑ 친부모와 친자식의 | ☐ 이웃의] 관계를 맺는 것.
4	출입국(出入國)	[☑ 나라 | ☐ 학교] 안팎으로 드나드는 일.

문제로 어휘力 높여요

본문 62쪽

1 ④

① '日(날 일)', ② '月(달 월)', ③ '火(불 화)'는 총 4획인 한자이고, ⑤ '土(흙 토)'는 총 3획인 한자이다. '入(들어갈 입)'과 같이 두 번 만에 쓸 수 있는 한자는 '人(사람 인)'이다.

2 ③

밖으로 나가는 문이나 길을 의미하는 '출구(出口)'와 반대의 뜻을 가진 어휘는 '입구(入口)'이다. ① '출국(出國)'은 나라 밖으로 나감을, ② '입국(入國)'은 나라 안으로 들어감을, ④ '입학(入學)'은 학생이 되어 공부하기 위해 학교에 들어감을, ⑤ '수입(收入)'은 돈이나 물품을 거두어들임을 뜻한다.

3 ㉢

㉢에는 '물건을 사들임.'의 뜻인 '구입(購入)'이 아니라, '단체나 조직에 들어감.'이라는 뜻의 '가입(加入)'이 들어가야 한다.

4 입양

글 쓰며 표현力 높여요

본문 63쪽

예시 전 영화 관람권을 여러 장 구입할래요. 입학해서 새로 사귄 친구들과 보러 가고 싶거든요. 영화관 입구부터 나는 팝콘 냄새를 상상만 해도 정말 행복해질 것 같아요.

14 문 문(門)

‘문 문(門)’이 들어간 어휘

본문 65쪽

	어휘	뜻
1	대문(大門)	☑ 큰 문. 주로, 한 집의 주가 되는 출입문을 뜻함. ☐ 빛이 들어오도록 벽에 만들어 놓은 작은 문.
2	교문(校門)	☐ 집의 문. ☑ 학교의 문.
3	정문(正門)	☐ 건물의 뒤나 옆으로 난 문. ☑ 건물의 앞쪽에 있는, 사람들이 주로 드나드는 문.
4	회전문(回轉門)	☐ 밀거나 당겨서 여닫게 만든 문. ☑ 축을 세워 빙빙 돌려서 드나들게 만든 문.

문제로 어휘力 높여요

본문 66쪽

1 세현
학교에서 친구가 아플 때 누워서 쉴 수 있도록 데려다 줄 수 있는 장소는 ‘교문’이 아니라, ‘보건실’이다.

2 정문
‘정문(正門)’은 건물의 앞쪽에 있는 문(단서 1)으로, 사람들이 주로 드나드는 곳(단서 2)이다. 비슷한 뜻의 어휘로 ‘앞문’이 있고 (단서 3), 반대 뜻의 어휘로 ‘후문(後門)’이 있다.

3 대문
놀이의 설명을 보면, 이 놀이는 두 사람이 양손을 잡아 올려 크게 ‘문’을 만들면, 그 밑으로 다른 사람들이 빠져나간다고 하였다. 그러므로 이 놀이는 ‘문’과 관련되어 있다는 것을 알 수 있는데, 제시된 자음을 더하여 볼 때, ‘대문(大門)’ 놀이임을 알 수 있다.

4 회전문
두 사람의 대화로 보아, 진수는 빙빙 도는 문 앞에서 머뭇거리는 상황임을 알 수 있다. 따라서 빈칸에는 축을 세워 돌려서 드나들게 만든 문을 뜻하는 ‘회전문(回轉門)’이 알맞다.

글 쓰며 표현力 높여요

본문 67쪽

예시 우리 집에는 반가운 손님들이 자주 와요. 그래서 누군가 대문의 초인종을 누르면 창문을 열어, 누군지 확인한답니다. 내가 좋아하는 손님이 찾아오면 현관문까지 한달음에 달려가죠. 함께 즐겁게 지낼 생각에 정말 행복해져요.

15 집 가(家)

'집 가(家)'가 들어간 어휘

본문 69쪽

1	가정(家庭)	① 한 가족이 함께 생활하는 [☑ 집 ǀ ☐ 학교]. ② 가족으로 구성되어 있는 사람들의 생활 공동체.
2	가구(家具)	장롱·책장·탁자처럼 집안 살림에 쓰는 [☑ 기구 ǀ ☐ 나무].
3	가훈(家訓)	한 집안의 조상이나 어른이 자손들에게 일러 주는 [☐ 경고 ǀ ☑ 가르침].
4	초가(草家)	[☑ 볏짚이나 갈대 ǀ ☐ 벽돌이나 기와]로 지붕을 덮은 집.

문제로 어휘力 높여요

본문 70쪽

1 가

집안일을 나누고, 가족회의를 하는 등의 일은 한집에서 생활을 함께하는 사람들이 행복하게 살기 위한 방법으로 볼 수 있다. 따라서 빈칸에는 한 가족이 함께 생활하는 집. 또는 가족으로 구성되어 있는 사람들의 생활 공동체를 의미하는 '가정(家庭)'이 알맞다.

2 ③

볏짚을 쌓아 지붕으로 얹은 집을 '초가(草家)집'이라고 한다.

3 동화책

제시된 뜻풀이에 '가구'를 집안 살림에 쓰는 기구라고 하였으므로, '동화책'은 가구로 보기 어렵다.

4 가훈

제시된 예문에서, "남을 도우며 살자."라는 가르침을 할아버지가 아버지에게, 아버지가 '나'에게 전하고 있음을 알 수 있다. 그러므로 빈칸에는 '한 집안의 조상이나 어른이 자손에게 일러 주는 가르침.'이라는 뜻의 '가훈(家訓)'이 들어가야 한다.

글 쓰며 표현力 높여요

본문 71쪽

예시 난 한적한 농가에서 동물과 함께 사는 것이 꿈이야. 내가 사랑하는 동물과 함께라면 초가집이라도 행복할 것 같아.

11~15 독해 / 놀이

독해로 마무리해요

본문 72쪽

1 참외

이글은 글쓴이인 '나'가 자신의 배꼽이 엄마와 이모, 할머니처럼 참외 모양인 것을 알고, 가족과 닮지 않아서 속상했던 마음이 풀렸던 일에 대한 내용이다. 이처럼 참외 모양의 배꼽, 즉 '참외 배꼽'을 중심으로 갈등이 풀리고 있으므로 빈칸에는 '참외'가 알맞다.

2 ③

'나'는 언니와 달리 가족 누구와도 닮지 않아 속상했다고 하였다.

놀이로 정리해요

본문 73쪽

16 위 상(上)

‘위 상(上)’이 들어간 어휘

본문 75쪽

1	정상(頂上)	① 산의 맨 [☐ 아래 l ☑ 꼭대기]. ② 그 이상 더 없는 최고의 상태.
2	옥상(屋上)	지붕의 [☑ 위 l ☐ 아래].
3	조상(祖上)	① 돌아가신 어버이 위로 대대의 [☑ 어른 l ☐ 아이]들. ② 지금 사람들보다 먼저 살던 사람들.
4	상체(上體)	몸의 [☐ 아랫 l ☑ 윗]부분.

문제로 어휘力 높여요

본문 76쪽

1 정상

두 예문 모두 산꼭대기에 올라가는 것을 이야기하고 있으므로, 산의 맨 꼭대기를 의미하는 ‘정상(頂上)’이 빈칸에 공통으로 들어갈 수 있다.

2 조상

돌아가신 어버이 위로 대대의 어른들을 의미하는 것은 ‘조상(祖上)’이다. ‘후손(後孫)’은 몇 대가 지난 뒤의 자식과 손자를 의미한다.

3 옥상

지붕 위에 있고 하늘이 잘 보인다고 했으므로, 지붕의 위를 의미하며 ‘상(上)’이 들어가는 ‘옥상(屋上)’이 빈칸에 들어갈 수 있다.

4 ③

몸의 아랫부분을 의미하는 ‘하체(下體)’와 반대의 뜻을 지닌 어휘는 몸의 윗부분을 의미하는 ‘상체(上體)’이다.

글 쓰며 표현力 높여요

본문 77쪽

예시 안녕하세요? 최한솔 기자입니다. 요즘은 멀리 여행을 떠나는 대신 아파트 옥상에 놀러 가는 것이 유행입니다. 마음 편하게 누워서 하늘을 바라보면 천상이 따로 없다고 하네요.

17 가운데 중(中)

‘가운데 중(中)’이 들어간 어휘

본문 79쪽

	어휘	뜻
1	중심(中心)	☐ 되풀이되거나 겹치는 부분. ☑ ① 한가운데. ② 가장 중요하고 기본이 되는 부분.
2	중간(中間)	☐ 어떤 일이 끝난 때. ☑ ① 두 물건의 사이. ② 어떤 일이 아직 끝나지 않은 때.
3	집중(集中)	☐ 여러 가지 일을 동시에 함. ☑ 한 가지 일에 모든 힘을 쏟아부음.
4	식중독(食中毒)	☑ 음식물 가운데 들어 있는 유독 물질을 먹고 생기는 소화 기관 병. ☐ 영양소가 부족하여 생긴 병.

문제로 어휘力 높여요

본문 80쪽

1 ②

친구들 사이에서 자기 키가 가장 크다는 의미이므로, 가운데를 뜻하는 ‘中(가운데 중)’이 밑줄 친 말에 해당한다. ①은 ‘나무 목(木)’, ③은 ‘땅 지(地)’, ④는 ‘문 문(門)’, ⑤는 ‘집 가(家)’이다.

2 중간

수업이 아직 끝나기 전에 화장실에 가기 위해 손을 드는 상황이므로, 어떤 일이 아직 끝나지 않은 때를 의미하는 ‘중간(中間)’이 알맞다.

3 집중

‘나연’이 숙제를 금방 끝내고 ‘은하’가 숙제를 끝내지 못한 것은 숙제에 힘을 얼마나 쏟아부었는지와 관련이 있으므로, 빈칸에는 ‘집중(集中)’이 들어갈 수 있다.

4 식중독

불량 식품을 먹은 뒤에 배가 아팠고, 구토 증상이 있었다는 것으로 보아 ‘식중독(食中毒)’에 걸렸음을 짐작할 수 있다. 변비는 대변이 잘 누어지지 않는 병이고, 화상은 높은 온도의 물체에 데었을 때 일어나는 피부의 손상이므로, 제시된 증상과 거리가 멀다.

글 쓰며 표현力 높여요

본문 81쪽

예시 식중독에 관련된 연극을 하는 건 어때? 재미있는 연극을 하면 모두 우리에게 집중하게 될 거고, 다 보고 나면 안전한 음식을 먹자는 교훈도 줄 수 있을 거야. 중학생인 우리 형이 연극반이니까 도움도 받을 수 있을 것 같아.

18 아래 하(下)

‘아래 하(下)’가 들어간 어휘

본문 83쪽

1 지하(地下)	☐ 땅의 위. ☑ 땅속. 땅의 아래쪽.
2 신하(臣下)	☑ 임금을 섬기어 벼슬하는 사람. ☐ 나라를 다스리는 가장 높은 사람.
3 낙하산(落下傘)	☐ 사람이나 물건을 땅에서 하늘로 떠오르게 해 주는 기구. ☑ 하늘에서 우산 모양으로 펼쳐져 사람이나 물건을 땅에 안전하게 내리도록 해 주는 기구.
4 하수도(下水道)	☐ 쓰지 않은 깨끗한 물이 흘러가도록 만든 시설. ☑ 쓰고 버리는 더러운 물이 흘러가도록 만든 시설.

문제로 어휘力 높여요

본문 84쪽

1 ④

위를 의미하는 ‘위 상(上)’과 반대의 뜻을 지닌 한자는 아래를 의미하는 ‘아래 하(下)’이다.

2 신하

임금을 돕고, 나라와 관련된 일을 하는 것은 임금을 섬기어 벼슬하는 사람인 ‘신하(臣下)’의 역할이다. ‘농부’는 농사짓는 일을 직업으로 하는 사람이고, ‘학생’은 학교에 다니면서 공부하는 사람이다. ‘상인’은 장사를 하는 사람을 뜻한다.

3 하

쓰고 버리는 더러운 물이 흘러가는 곳이라고 했으므로, 빈칸에는 쓰고 버리는 더러운 물이 흘러가도록 만든 시설인 ‘하수도(下水道)’가 들어가야 한다. ‘상수도(上水道)’는 마실 물이나 쓸 물처럼 깨끗한 물을 보내 주는 시설이다.

4 1 지하 2 낙하산

1 자신이 사는 아파트 주차장의 위치를 알려 주는 내용이므로, 빈칸에는 땅속을 의미하는 ‘지하’가 알맞다.

2 사람이 무언가를 타고 하늘에서 내려왔다는 내용이므로, 빈칸에는 하늘에서 우산 모양으로 펼쳐져 땅에 안전하게 내리도록 해 주는 기구를 의미하는 ‘낙하산’이 알맞다.

글 쓰며 표현力 높여요

본문 85쪽

예시 나는 과거와 현재가 섞인 영화를 만들고 싶어. 과거의 신하들이 시간을 넘어 현재로 건너온 거야. 그 사람들이 지하 주차장이나 잘 정비된 하수도 같은 현대의 시설을 보고 깜짝 놀라는 장면을 담으면 재미있을 것 같아.

19 큰 대(大)

○ '큰 대(大)'가 들어간 어휘

본문 87쪽

1	대왕(大王)	[☑ 훌륭하고 ǀ ☐ 나쁘고] 뛰어난 임금을 높여 이르는 말.
2	대회(大會)	기술이나 재주를 겨루는 [☐ 작은 ǀ ☑ 큰] 모임.
3	거대(巨大)	엄청나게 [☐ 작음 ǀ ☑ 큼].
4	위대(偉大)	능력, 업적 등이 [☑ 뛰어나고 훌륭함 ǀ ☐ 부족하고 보잘것없음].

문제로 어휘力 높여요

본문 88쪽

1 겨루다

두 어휘에서 '대(大)' 자는 '크다', '뛰어나다', '훌륭하다'라는 뜻으로 쓰였다.

2 대회

'현지'와 '혜린'이 학교에서 열리는 운동 경기에 관한 이야기를 나누는 상황이므로, 빈칸에 기술이나 재주를 겨루는 큰 모임을 의미하는 '대회(大會)'가 들어갈 수 있다.

3 ②

훌륭하고 뛰어난 임금을 높여 이르는 말은 '대왕(大王)'이다. ① '가왕(歌王)'은 가수 중에서 왕이라는 뜻으로, 노래를 가장 잘 부르는 사람을 이르는 말이고, ③ '국왕(國王)'은 나라의 임금을, ④ '왕비(王妃)'는 임금의 아내를, ⑤ '왕자(王子)'는 임금의 아들을 이르는 말이다.

4 1 ㉡ 2 ㉠

1 '위대(偉大)'는 능력, 업적 등이 뛰어나고 훌륭하다는 뜻이므로, 최고의 발명품을 남긴 과학자를 꾸며 주는 말로 알맞다.
2 '거대(巨大)'는 엄청나게 크다는 뜻이므로, 공룡 화석의 크기를 설명하는 말로 알맞다.

글 쓰며 표현力 높여요

본문 89쪽

예시 저는 올림픽 대회 사진 전시회에 가고 싶어요. 그곳에는 거대한 사진이 전시되어 있다고 했거든요. 제가 좋아하는 선수들의 표정을 확대해서 크게 볼 수 있을 거예요.

20 작을 소(小)

'작을 소(小)'가 들어간 어휘

본문 91쪽

	어휘	뜻
1	축소(縮小)	수량, 크기, 범위 등을 줄여서 [☑ 작게 I ☐ 크게] 함.
2	소품(小品)	① 크기가 [☑ 작은 I ☐ 큰] 예술 작품. ② 연극이나 영화 등에서, 무대 장치에 쓰는 [☑ 작은 I ☐ 큰] 물건.
3	소고(小鼓)	풍물놀이에 쓰이는 [☑ 작은 I ☐ 큰] 북.
4	소아과(小兒科)	[☐ 어른 I ☑ 어린아이]의 병을 전문적으로 다루는 의학 분야나 병원.

문제로 어휘力 높여요

본문 92쪽

1 小

'키가 작다'고 하였으므로, 밑줄 친 곳에 해당하는 한자는 '小(작을 소)'이다.

2 소품

영화에 나오는 크기가 작은 도구에 대한 글이므로, 빈칸에는 '소품'이 들어갈 수 있다.

3 1 소고 2 소아과

1 작은 북을 의미하는 어휘는 '소고(小鼓)'이다.

2 어린아이의 병을 전문적으로 다루는 병원을 의미하는 어휘는 '소아과(小兒科)'이다.

4 축소

모바일 지도에서 작게 볼 수 있는 기능을 한다고 적혀 있으므로, 괄호 안에는 수량, 크기, 범위 등을 줄여서 작게 함을 의미하는 '축소'가 들어가는 것이 알맞다. '삭제(削除)'는 깎아 없애거나 지워 버리는 것을, '복사(複寫)'는 그대로 베끼는 것을 의미한다.

글 쓰며 표현力 높여요

본문 93쪽

예시 나는 소고나 장구와 같은 우리나라의 여러 악기를 만들고 싶어. 소형 악기들을 여러 개 모아 놓으면 귀여워 보일 것 같아. 또 인형 놀이를 할 때 소품으로 활용할 수도 있을 거야.

16~20 독해 / 놀이

독해로 마무리해요

본문 94쪽

1 학급 회장

이 글은 1학년 2반 학급 회장이 내일 열릴 체육 대회에 대해 반 친구들에게 안내하고 있는 내용이다.

2 ②

거대한 공에 깔리지 않도록 안전하게 굴려야 한다는 내용으로 보아, '공 굴리기'의 공이 작지 않음을 알 수 있다.

놀이로 정리해요

본문 95쪽

급수 시험 맛보기

본문 96~97쪽

1

1 ③

① 月 ② 水 ④ 木

2 ①

② 門 ③ 家 ④ 土

2

1 ②

① 입 구 ③ 형 형 ④ 옳을 가

2 ④

① 사람 인 ② 큰 대 ③ 클 태

3

1 ③

木(나무 목) + 馬(말 마): 나무로 말의 모양을 깎아 만든 물건.

2 ③

購(살 구) + 入(들어갈 입): 물건을 사들임.

4

1 ①

父(아버지 부) + 女(여자 녀): 아버지와 딸을 아울러 이르는 말.

2 ③

生(날 생) + 水(물 수): 샘에서 솟아 나오는 맑은 물.

5

1 ③

正(바를 정) + 門(문 문): 건물의 앞쪽에 있는, 사람들이 주로 드나드는 문.

2 ②

地(땅 지) + 球(공 구): 태양계 행성 가운데 태양에서 셋째로 가까우며, 사람이 사는 행성.

6

①

② 내년 ③ 생일 ④ 매일

7

③

父(아버지 부) + 母(어머니 모) + 兄(형 형) + 弟(아우 제): 부모와 형제를 아울러 이르는 말.

8

④

'上(위 상)'과 뜻이 반대인 한자는 '下(아래 하)'이다.

① 흙 토 ② 오른쪽 우 ③ 왼쪽 좌

9

②

- 小(작을 소) + 品(물건 품): ① 크기가 작은 예술 작품. ② 연극이나 영화 등에서, 무대 장치에 쓰는 작은 물건.
- 小(작을 소) + 鼓(북 고): 풍물놀이에 쓰이는 작은 북.
- 小(작을 소) + 兒(아이 아) + 科(과목 과): 어린아이의 병을 전문적으로 다루는 의학 분야나 병원.

① 셋 삼 ③ 집 가 ④ 바 소